Renate Schmitt

Wer leben will, muss fühlen

Renate Schmitt

Wer leben will, muss fühlen

Ein Weg aus Burnout und Panik
zurück in ein erfülltes Leben

Edition Forsbach

Bibliografische Information der Deutschen Nationalbibliothek
Die Deutsche Nationalbibliothek verzeichnet diese Publikation in der Deutschen Nationalbibliografie; detaillierte bibliografische Daten sind im Internet über http://dnb.dnb.de abrufbar.

Edition Forsbach
Bücher mit Herz

© Edition Forsbach, Bamberg 2024
www.edition-forsbach.de

Coverbild: Wanderung Strudelkopf – Südtirol © serkat Photography
Autorenbild: © Sascha Glattfelder

Abbildungen: © Renate Schmitt
S. 15   Hochgrat 2019
S. 58   Meine Familie 1977
S. 124   Neue Lebendigkeit 2020
S. 147   Auf dem Weg 2023
S. 157   Die Brücke 2019
S. 208   Im Einklang mit mir 2023
S. 215   Weiter unterwegs 2023
S. 221   Meilensteine 2023

Printed in Germany
ISBN 978-3-95904-258-1 (Print)
ISBN 978-3-95904-259-8 (E-Book)

Es gibt in uns immer beides:
die Licht- und die Schattenseiten
die Polaritäten
die angenehmen und die unangenehmen Gefühle
das Schwarz und das Weiß
und auch die Farben dazwischen ...
... und genau DAS gilt es in uns zu entdecken,
weil es die
LEBENDIGKEIT DES LEBENS
überhaupt ausmacht!

(Renate Schmitt 2022)

Inhalt

Was mir zuvor wichtig ist — 9

Prolog — 13

WIE ALLES BEGANN — 17

Kindheitsjahre – zwischen Idylle und Rolle — 17

Das Mythos der heilen Welt — 24

Beruf aus Versehen — 30

Von Anerkennung und anderen Abhängigkeiten — 34

Das bisschen Haushalt – von wegen! — 38

Bin ich eine Helikopter-Mama? — 43

Carpe diem, verdammt nochmal! — 50

STOLPERSTEINE – AUF DEM WEG — 55

Vorzeichen — 55

Hypochonder? – Begegnung mit der Endlichkeit — 60

Wieviel kann ein Herz ertragen? — 65

Die Stunde Null — 70

Die Kunst der Verdrängung	78
Der beste Kakao meines Lebens	81
Wer bin ich und wie viele?	86
Bin ich jetzt psychisch krank?	90

WILDE ZEITEN – DIE ZEIT IN DER „KÄSEGLOCKE" 95

Auf der anderen Seite	95
Struktur tut gut	99
Die Strichliste	106
Bedürftig sein – die Besuche der anderen	113
Der menschlichste Ort	119
Die größte Offenbarung	125
Grundsatzthemen und andere Aha-Momente	133
Gelobt sei, was stark macht – Angstdämonen	140
Es gibt einen Weg	145
Hallo, meine Kleine	148
Ein Hauch von Heilung – Blick über den Klinikrand	153

GESUND WERDEN – FÜHLEN, WACHSEN, LEBEN 159

Rückkehr oder Neuanfang? 159

Wacklige Gehversuche – ambulante Psychotherapie 166

Als Frau zwischen drei Männern 173

Ohne Filter extra – das Phänomen Hochsensibilität 178

Selbstsabotage versus Selbstmitgefühl 184

Lizenz zum Ent-Täuschen 191

Abgrenzen, Vergeben, Loslassen 197

Burnout, BEM, und was jetzt? – Beruf in neuem Licht 201

IN DER KRAFT – WEITER UNTERWEGS 209

Das Leben ist eine Bergwanderung 209

Epilog 213

ANHANG 217

52 Meilensteine für deinen Weg 217
Raus aus der Ohnmachtsfalle 222

Danksagungen 224
Literaturauswahl 225
Zur Autorin 226

Was mir zuvor wichtig ist

Eine Bergwanderung als Metapher für einen Lebensweg zu verwenden, ist ganz bestimmt nicht neu. Viele Suchende sind zuvor einen ähnlichen Weg gegangen und haben ihre Erfahrungen in Buchform niedergeschrieben.

Und doch: Als leidenschaftliche Bergwanderin ist dieser Vergleich so fest mit meiner Identität verwurzelt, dass er sich mir bei meinen realen Touren regelmäßig aufdrängt.

Seit der im Prolog beschriebenen Erfahrung sind mehr als vier Jahre vergangen. Damals war mein Genesungsprozess bereits angestoßen, dank eines siebenwöchigen Klinikaufenthalts und einer anschließenden ambulanten Gesprächstherapie. Das war die Initialzündung.

In meinem Buch beschreibe ich meinen ganz persönlichen Weg aus einer Lebenskrise mit Erschöpfung, tiefer Traurigkeit, Gewissensbissen, sich auf viele Lebensbereiche ausbreitenden Ängsten und wiederkehrenden Panikattacken.

Ich berichte von steilen Herausforderungen, schrägen Situationen und von überraschenden Lehrmeistern, denen ich begegnet bin. Auch tiefgreifende Veränderungen, neue berufliche Chancen und Einflüsse für mein weiteres Leben stehen im Mittelpunkt.

Doch was hast du, liebe Leserin, lieber Leser davon?

Befindest du dich vielleicht auf einem ähnlichen Weg und fühlst dich an deinem Weiterkommen gehindert?

Weder ein Burnout noch eine anhaltende Phase mit Traurigkeit und Antriebsverlust muss in eine emotionale Sackgasse münden. Auch Ängste wollen gesehen, ihre Ursachen näher betrachtet und letztlich angenommen werden. Panikattacken darfst du als Zeichen zur Veränderung deuten.

Und Gefühle sind jeden einzelnen Tag dazu da, um sie zu fühlen. Ja, auch die unangenehmen. Jede verdrängte Emotion oder jedes tiefe Bedürfnis drückt ohnehin irgendwann mit großer Macht nach oben – wie ein Wasserball, den du immer wieder unter die Oberfläche presst.

In meinem Buch möchte ich mit dir meine bedeutsamsten Meilensteine teilen. Gleichzeitig ist es unvermeidbar, auch von den Stolpersteinen zu erzählen, die mich in dieses Tal hineinmanövriert haben, in dem ich oft – aus Unkenntnis – im Kreis gelaufen bin. Auch ein Rückblick auf meine Kindheit gehört dazu.

Mein Weg aus der Krise war kein Pfad, dem ich leichtfüßig gefolgt bin. Ich biete dir meine Hand, einen imaginären Wanderstock oder eine Navigations-App an. Vielleicht gelingt es dir, den ein oder anderen blockierenden Felsbrocken früher als ich zu erkennen und ihn rechtzeitig zu umgehen. Das würde mich glücklich machen.

Ich habe lange darüber nachgedacht, dieses Buch unter einem Pseudonym zu schreiben. Dazu hatte ich zwei Bedenken:

- Was ist, wenn ich Personen, die mich begleitet haben oder noch heute an meiner Seite sind, unbeabsichtigt verletze?
- Was ist, wenn ich mich in meinem Umfeld, vor allem dem beruflichen, zu offen zeige und mich angreifbar mache?

Ich habe mich gegen das Pseudonym entschieden. Mich hinter einem falschen Namen zu verstecken, wäre inkonsequent, weil ich mit meinem Buch zur Entstigmatisierung psychischer Erkrankungen beitragen möchte.

Mir ist es wichtig, meinen Weg so konkret und authentisch wie möglich zu beschreiben. Um meine Wegbegleiter zu schützen, vermeide ich Namensnennungen konsequent.

Die beschriebenen Personen dienen als positive Vorbilder. Ich zolle ihnen tiefen Respekt, weil sie sich tagtäglich mutig ihren eigenen Herausforderungen stellen. Achtloses Bloßstellen ist ein absolutes No-Go für mich.
Falls du dich dennoch verunglimpft fühlen solltest, bitte ich dich inständig um Entschuldigung.

Es ist gut, dass mit meinem Prozess auch mein Selbstbewusstsein wachsen konnte. Wenn du dieses Buch liest, dann bedenke bitte, dass auch du nicht vor Depressionen, Ängsten oder anderen psychischen Störungen gefeit bist.

Die Krise hat mich Demut und Ehrfurcht gelehrt: Unzählige Menschen haben in den letzten Jahren Ähnliches durchlebt, vielleicht eine lebensbedrohliche körperliche Erkrankung oder einen tiefgreifenden Schicksalsschlag bewältigt. Vielleicht haben sie ihre Erfahrungen lieber im Stillen verarbeitet.

Auch ich bin keine laute Person, die sich gerne in einer Opferrolle sieht, sich wichtigmachen oder um Bewunderung heischen möchte. Dennoch zeige ich mich, weil

- ich durch Autoren ähnlicher Bücher ganz viel Trost, Erleichterung und konkrete Hilfen erfahren habe und mich mit ihnen identifizieren konnte,
- ich mich mit meinen Problemen nicht mehr alleine fühlen musste,
- ich konkrete Tipps und Techniken an die Hand bekam, die ich Schritt für Schritt in meinen Alltag einbauen konnte.

Mein Antrieb – mein *Warum* – für dieses Buch ist, Betroffenen Mut zu machen, wenn ihnen ihr gewohnter Alltag und das Vertrauen in ihre Fähigkeiten abhandengekommen sind und sie sich nach mehr Sinn in ihrem Leben sehnen.

Fühlst du dich angesprochen?

Wenn es mir gelingt, mit meiner Geschichte auch nur einer einzigen Person Lebensmut, mehr Sinn und Motivation zur Veränderung (zurück)zugeben, dann hat sich diese intensive Zeit des Niederschreibens definitiv gelohnt.

Zwei formale Hinweise noch:

- Das oberste Gebot in den Büchern der Edition Forsbach ist die leichte Lesbarkeit und Verständlichkeit der Texte. Daher verwende ich – abgesehen von der Anrede „Liebe Leserin, lieber Leser" – in der Regel nur die (neutrale) männliche Form, ohne dass ich damit jemanden ausschließen möchte.
- Im herrschenden ChatGPT-Zeitalter bemerke ich ausdrücklich: Jedes einzelne Wort stammt aus meiner eigenen Hirn-Herz-und-Handschmiede.

Nun wünsche ich dir hilfreiche Erkenntnisse, sinnvolle Impulse und viel Freude beim Lesen.

Herzlichst, Renate

Prolog

Es brennt in mir – die Bronchien ziehen sich zusammen. Mein Atem bläst kurz. Die Gesichtsmimik folgt ihren eigenen Gesetzen. Mein Sichtfeld ist auf wenige Meter eingeschränkt – wie im Tunnel.

Immer wieder hebe ich meinen Kopf, um das Ziel nicht aus den Augen zu verlieren. Es ist merklich kühler und dunkler geworden, seitdem die Sonne hinter den Bergen verschwunden ist. Doch das stört mich nicht. Keine Angst mehr. Bin wie in Trance – de-realisiert. Der Hauch eines Glücksgefühls drängt in mein Bewusstsein. Fühlt sich ein Drogentrip ähnlich an?

Noch wenige Schritte – meine bleiernen Beine leisten tapfer ihren letzten Dienst – für heute. Habe ich überhaupt noch Fußzehen?

Erneut befinde ich mich in einem Ausnahmezustand. Doch diesmal ist alles anders: Der Rest meines Verstandes signalisiert mir, dass ich nur noch wenige Sekunden durchhalten muss, wenige Schritte bis zum Ziel. Ich erhöhe die Frequenz, werde schneller und schneller.

Noch bevor meine Hände das Metall des Kreuzes berühren können, suchen meine Arme die Schultern meiner beiden Söhne.

„Wir haben es geschafft!"

Eine Welle aus Euphorie, Erleichterung und Erschöpfung überwältigt mich.

Ungläubig wiederhole ich leise: „Wir haben es tatsächlich geschafft!" Heimlich denke ich jedoch: Ich habe es geschafft! Kein anderer dieser Wanderer, die nun in Grüppchen beieinanderstehen oder in die Hütte zum Essen strömen, ahnt mein inneres Beben.

Nein, ich befinde mich nicht im Himalaya, sondern im Allgäu – an einer Seite der Nagelfluhkette, auf dem Hochgrat, der mit seinen 1834 Metern nur ein knappes Fünftel des Mount Everest misst.

Ich strecke meine Hand über den Weidenzaun und nehme das Material des Gipfelkreuzes nur vage wahr. Mein Blick wird magisch von der Weite des abendlichen Bergpanoramas angezogen.

Da ist plötzlich dieses unbeschreibliche Gefühl von Dankbarkeit, Stolz und auch Demut. Mit meiner Größe von immerhin 1,76 Metern fühle ich mich unendlich klein. Ich spüre, wie tief aus meinem Körper Tränen aufsteigen.

Vor mehr als zehn Stunden sind wir gestartet – mein gebirgserfahrener Cousin mit seinem Sohn, meine beiden Söhne und ich. Dazwischen gab es Ächzen, Zweifel, Kopfschmerzen, jede Menge Power-Riegel und immer wieder die nötige Dosis an Antriebseuphorie.

Atemberaubende Ausblicke, Kletterpassagen mit erhöhtem Adrenalinpegel, gemütlich wiederkäuende Kühe, die uns den Weg versperrten, seltene Blumen und Fliegenpilze – das alles liegt nun hinter uns.

Was hat mir geholfen, diesmal über mich hinauszuwachsen?
Ich denke dabei zuerst an all die Menschen, die mich durch meine Krise begleitet haben. Ich habe mir viel Wissen angeeignet und Techniken gelernt. Und es gab glückliche Fügungen.

Ich erkenne auch, dass ich diese Mammut-Tour ohne das Vertrauen in eine höhere Macht und Führung vermutlich nicht geschafft hätte.

Ich wagte das Risiko, einen weiteren Kontrollverlust zu erleben. Doch diesmal war ich stärker als meine Ängste.

Noch vor wenigen Monaten hätte ich nicht zu hoffen gewagt, dass ich jemals wieder mit meinen Kindern auf einem Berggipfel stehe.

Doch dass ich mich mit meiner Angst auf den Weg gemacht und diesen Kraftakt dennoch bewältigt habe, erfüllt mich mit der Zuversicht: Ich werde wieder gesund!

WIE ALLES BEGANN

Kindheitsjahre – zwischen Idylle und Rolle

„Ich bin der Kommissar und du die Leiche."
Das spontan verfasste Drehbuch meines Bruders gab die Rollen vor: Köchin, Dienstmädchen, Ermittlungsassistent und natürlich ein Mörder. Die Zuteilung folgte einer scheinbar natürlichen Hierarchie, gemäß Geschwister-Reihenfolge, Alter und Geschlecht. Keiner kam auf die Idee, dies in Frage zu stellen. Nach einer kurzen Probe bezog ich mein Versteck im Schrank und hielt die Luft an.

Nur wenige Minuten später wurden die Erwachsenen aus dem Stock darüber in den Hobbyraum gerufen. In meinem Bauch kribbelte es wie Ahoi-Brause, mein Herz klopfte bis zum Hals. Mit gespitzten Ohren lauschte ich aus dem Dunkeln heraus den Stimmen meiner Geschwister und Cousins. Alles schien soweit nach Plan zu verlaufen. Und jetzt: der entscheidende Satz – hoffentlich hatte ich richtig gehört. Mit einem Klacken wurde der Schlüssel von außen umgedreht.

Endlich: mein großer Auftritt! Ein Lichtstrahl erschien im Türspalt. Ich stemmte meinen Körper gegen die Holztür. Der Schwerkraft folgend purzelte ich mit theatralischer Mimik auf den Boden, direkt vor die Füße des Publikums – bestehend aus meinen Großeltern, meiner Tante, meinem Onkel und meiner Mutter.

Den entsetzten „Ach Gott"-Ausrufen nach zu folgen, spielte ich meine Rolle äußerst überzeugend. In den Minuten, in denen ich als lebende Leiche auf dem kühlen Linoleumboden lag, gelang es mir fast bis zum Schluss der Szene, ein Grinsen zu unterdrücken. Doch vielleicht wollte ich damit nur die irritierten Zuschauer beruhigen.

Ende des Schauspiels, Applaus und Lobeshymnen auf die Leistung von Seiten der Erwachsenen; Erleichterung, Stolz und Erschöpfung auf der Seite der Darsteller.

Opa belohnte alle mit seinem selbstgebackenen Quark-Streusel-Kuchen und Lindes-Getreide-Kaffee. Nach Einbruch der Dunkelheit war es wieder Zeit zu gehen. Zu fünft zwängten wir uns in den VW-Käfer meiner Mutter und fuhren zurück, auf die andere Seite unserer Kleinstadt. Ja, das war wieder ein schöner Sonntag!

Tatsächlich kommen mir beim Nachdenken über meine Kindheit schnell jene Bilder der Sonntagnachmittage im Haus meiner Großeltern in den Sinn. Ein Gefühl der Geborgenheit und Ausgelassenheit in einem liebevollen Miteinander breitet sich dabei auch nach mehr als vierzig Jahren in mir aus.

Als Jüngste von vier Geschwistern war ich stets die Kleine, das „Nesthäkchen". Zwischen meiner Geburt und der meines Bruders lagen mehr als neun Jahre; meine beiden Schwestern folgten innerhalb von nur vier weiteren Jahren. Und dann kam ich, die Nachzüglerin. Erst viel später teilte mir meine Mutter mit, dass ich sehr gewollt gewesen sei; das Kind einer kurzzeitig wiederauflodernden Liebe zweier Menschen, die sie durch Überlastungen im Alltag nicht mehr spüren konnten. Vielleicht war das ein unbewusster Versuch, sich noch einmal zusammenzufinden ... was sich zwei Jahre später als Irrtum herausstellte ...

Meine Geschwister und ich wuchsen bei meiner Mutter auf. In den Jahren nach der Trennung wurde ich nie müde zu betonen, wie gut meine Eltern „es" hinbekommen hätten und dass sie noch immer „Freunde" seien. Mein Standardsatz lautete: „Meine Eltern sind geschieden, aber sie verstehen sich noch gut." Und dass ich eine gute Kindheit hatte, obwohl die Ehe meiner Eltern geschieden wurde, stimmte auch.

Erst viele Jahrzehnte später wurde mir bewusst, dass das Bestätigen nach außen möglicherweise ein kindlicher Versuch war, mit den Tatsachen umzugehen. Vielleicht diente das dazu, meine Irritation oder den Kummer über die „unperfekte Familie" zu übertünchen – und den Schein zu wahren.

Ein riesiger Anteil von Scham musste in mir gelauert haben. Es war mir unangenehm, in meiner Schulklasse und vor den scheinbar intakten Familien meiner Freundinnen aus dem Rahmen zu fallen, ein Scheidungskind zu sein, den Vater nicht täglich im Haus zu haben.

Scham und Schuld, das sind Themen, die mich in meinem späten Erwachsenenleben mit immenser Wucht eingeholt haben und noch heute – selbst nach zahlreichen Therapieerkenntnissen – immer wieder aufflackern.

Mittlerweile weiß ich, dass ich diesen Umstand mit unzähligen erwachsenen Scheidungskindern teile. Kinder fühlen sich oft schuldig oder verantwortlich dafür, wenn ihre Eltern sich trennen. Fatalerweise kommt ihnen dabei ihr magisches Denken in die Quere, das daran glaubt, vielleicht „nicht lieb genug" gewesen zu sein, oder dass sie noch mehr hätten tun müssen, damit Mama und Papa zusammenbleiben. Denn wie oft geht es doch in den verheimlicht geglaubten Streitereien zwischen Eltern auch um ihre Kinder?

Ich hatte schon früh gelernt, meiner Mutter so wenig wie möglich Sorgen zu machen, da es in einer Kleinstadt als Alleinerziehende mit vier Kindern ohnehin schon schwierig genug war. Wohlgemerkt: In den Achtziger-Jahren galt eine Scheidung noch als selten und exotisch; und so gab unsere Familienkonstellation sicher ausreichend Anlass, hinter vorgehaltener Hand zu sprechen. Umso mehr bewundere ich meine Mutter heute für ihren Mut, mit ihrer Kinderschar hoch erhobenen Hauptes in die sonntägliche Messe einzulaufen – oft erst eine Minute vor Beginn.

Trotz der Ausnahmestellung war sie damals mit einem ansehnlichen sozialen Netzwerk an Unterstützung gesegnet, durch ihre Eltern, meine Tante und meinen Onkel, und nicht zuletzt durch den Pfarrer: Unser „Herr Pfarrer" war ein Glücksfall, nicht nur für das damalige katholische Gemeindeleben, sondern auch für unsere Familie, die er auf einfühlsame und praktische Art unterstützte – gelebte christliche Nächstenliebe! Nicht selten verstieß er mit seiner weltoffenen und empathischen Art gegen manche Regel aus Rom. Ein herausragendes Vorbild in Sachen Ökumene, Zivilcourage und Toleranz.

Trotz der Scheidung und räumlichen Trennung fühlte ich einen kindlichen Stolz auf beide Elternteile: Mein Vater besuchte uns alle zwei bis drei Wochenenden in der Wohnung meiner Mutter. Manchmal durften wir auch Zeit in seinem Zuhause oder in seiner Dienststelle verbringen. Wir Kinder erlebten gemeinsame Kurzurlaube im Schwarzwald oder an der Nordsee. Mit dem Vater meiner Kindheit verbinde ich lange Autofahrten, umhüllt von einem Nebel aus Pfeifen-Tabakrauch, Howard Carpendale und Abba-Kassetten und spontan organisierten „LKWs" (das war seine Bezeichnung für „Leberkäs-Wecken"). Ich erinnere mich auch an unendliche Stunden des Wartens in seinem Büro, in denen wir Etiketten auf Briefumschläge klebten, bis er sich endlich von seinen Pflichten lösen konnte.

Als geschäftsführender Schulleiter und Verbandsmitglied war er höchst gefragt und beschäftigt. Obwohl unsere gemeinsame Zeit immer nur auf wenige Stunden begrenzt war, schien ich nichts zu vermissen. Er bemühte sich, uns trotz seiner eigenen strengen Kindheit, stets ein guter Vater zu sein. Während meine Mutter den herausfordernden praktischen Erziehungsalltag mit vier heranwachsenden Kindern und ihre Berufstätigkeit meisterte, konnte er seine eigenen Vorstellungen von Erziehung verwirklichen. Ihm verdanke ich unzählige Prägungen, allen voran die Liebe zur Musik und zur bildenden Kunst. Er nahm mich zu Gemäldeausstellungen mit und übermittelte mir in zahlreichen Vater-Tochter-Gesprächen ein hohes Maß an Wissen über Gott und die Welt.

Meine Mutter kümmerte sich um die Erziehung zur Lebenstüchtigkeit, machte uns Mut, Herausforderungen anzugehen und diese zu meistern, schenkte uns Geborgenheit, Umarmungen und Trostpflaster. Ihr verdanke ich das, was ich heute „Herzensbildung" nenne.

Das vertrauensvolle Verhältnis zu meinen Eltern hält bis heute an, ungeachtet mancher emotionalen Defizite, die sie mir absichtslos mitvermacht haben. Heute weiß ich, dass sie Kinder ihrer Herkunft sind und in vielen Situationen einfach nicht anders agieren konnten, weil sie es – wie ihre Eltern und Großeltern ebenfalls – nicht besser wussten.

Was heute so abgeklärt klingt, ist ein Ergebnis meines Prozesses, den ich in diesem Buch beschreibe, mit all seinen schmerzvollen Erkenntnissen und unerfüllten Bedürfnissen. Doch dazu später.

Entgegen der Erwartung mancher Kleinstadt-Skeptiker glich es einem Wunder: Keiner von uns Geschwistern geriet auf die schiefe Bahn, da es uns – emotional, sozial und auch finanziell – an kaum etwas fehlte. Wir alle haben unseren Platz in unseren Berufen und eigenen Familien gefunden.

Dennoch spielte eine wesentliche Rolle, dass nicht nur meine Großeltern, sondern auch meine Tante und mein Onkel mit ihren beiden Söhnen in unmittelbarer Nachbarschaft wohnten. Sie dienten unserer Familie als enorme Stütze: Als meine Mutter nach der Scheidung halbtags zu arbeiten begann, war ich nach dem Vormittag im Kindergarten regelmäßig Gast in ihrem Hause. Dies führte auch dazu, dass ich für meine beiden Cousins zu einer Art „Ersatzschwester" wurde. Ich lernte, wie man Drachen steigen lässt, lange beschwerliche Radtouren über die Felder bewältigt, Rekorde im Sandburg- und Schneemannbauen erzielt oder Silvesterknaller in Briefkästen platziert und sich dann rechtzeitig davonmacht. Meine Cousins waren meine Zeitvertreiber, bis weit in die Jahre hinein, in denen meine Geschwister bereits eigene Wege gingen, Freundschaften pflegten und andere Interessen als ich hatten.

Meinem Bruder fiel als ältestem und einzigen Sohn zwangsläufig eine Sonderstellung zu. Er war „mein großer Bruder", zu dem ich einerseits aufschaute, den ich andererseits auch um seine bevorzugte Rolle beneidete. Während wir Mädchen wie selbstverständlich in Haushaltspflichten eingespannt waren, genoss er auf diesem Gebiet Schonung – als Junge hatte er eher „Außendienste" zu erledigen.

Mein Bruder war für mich ebenfalls Spielkamerad. Umgekehrt war ich ihm durch meine Dauerpräsenz eine angenehme und dankbare Zeitgenossin. Durch ihn lernte ich, wie man sich gut im Tischtennis schlägt, in Schach und Skat verliert, als Torfrau manchmal Bälle hält, und auch, wie man Muskeln aufbaut, indem ich ihm als Partnerin bei seinen Expander-Kraftübungen diente. Einige Jahre danach musizierten wir gemeinsam in einer Band und statteten uns gegenseitige Besuche an unseren neuen Wohnorten ab.

Ich stelle fest: Meine Freizeitaktivitäten waren oft maskulin geprägt, und voller Erfahrungen, die mir viele Jahre später mit meinen eigenen Söhnen äußerst dienlich waren. Doch es gab daran eine Kehrseite: „Männliche Prägung" bedeutet oft auch das Zurückhalten von Emotionen. Und so unterlag ich manchmal dem fatalen Irrtum, nach außen Stärke demonstrieren und hohe Leistung bringen zu müssen.

Meine weibliche Identifizierung vollzog sich unter anderem durch die Beobachtung meiner Mutter und Schwestern, während sie rollenspezifische Tätigkeiten ausübten, vor allem Kuchenbacken und Kochen. Dadurch lernte ich früh, in der Küche zu assistieren und eigene Gerichte für uns zuzubereiten, z. B. wenn ich vor meiner Mutter von der Schule nach Hause kam. Ich häkelte schiefe Topflappen, strickte Pullis, die ich nie anzog, und nähte Kleider für meine Barbies, während meine Mutter Wäscheberge bügelte und wir gemeinsam den SDR[1]-Schlagern aus „Sie wünschen, wir spielen" lauschten.

Die Arbeiten rund um das Haus waren auf alle Familienmitglieder verteilt und folgten strengen Ritualen – laute Diskussionen um die gerechte Verteilung inklusive.

---

1 Süddeutscher Rundfunk, heute: SWR = Südwestrundfunk

Der Altersunterschied zu meinen älteren Schwestern bedingte, dass sie auch fürsorgliche Aufträge übernehmen mussten: So genoss ich es, wenn mich meine älteste Schwester vom Kindergarten abholte und ich vertrauensvoll meinen Zeigefinger in ihre Hand schieben durfte. Meine zweite Schwester bestaunte ich, mit welcher natürlichen Begabung und Leichtigkeit sie perfekt dekorierte Esstische und kunstvolle Torten zauberte. Es war eher ein Nebeneinander als ein Miteinander, doch auch das war schön. Bis heute sind wir als vertrauensvolles vierblättriges Kleeblatt verbunden, das sich trotz räumlicher Distanz immer wieder digital oder real austauscht. Geschwister können ein Segen sein!

Zu meinen Sozialkontakten gehörten auch Mädchen aus der Nachbarschaft. Mit ihnen verbrachte ich unzählige Stunden voller Heimlichkeiten, Kichereien und dem Flechten von Kränzen aus Gänseblümchen.

In meiner Erinnerung sehe ich mir jedoch selbst oft bei Beschäftigungen zu, die ich völlig alleine, scheinbar versunken, ausübte: stundenlang malend, im Gras sitzend und vierblättrige Kleeblätter suchend, auf meinem Bett lesend, „Hanni und Nanni"-Schallplatten rauf und runter hörend, Puppen spielend und Bälle gegen die Wand zählend. Heute frage ich mich, ob ich mich dabei häufig einsam fühlte oder ob ich es einfach so hinnahm? Tatsächlich erinnere ich mich an lange Phasen von Langeweile, die mir den nötigen Freiraum gaben, kreative Rollenspiele mit meinen Barbies und Geschichten auszudenken und meine Träume zu malen – ein begnadeter Zustand, der heutzutage leider meist der Gerätepräsenz zum Opfer fällt. Ein Jammer.

Als Fazit für diesen Exkurs in die Welt meiner Ursprungsfamilie halte ich fest: Meine Kindheit war geprägt von einer tiefen Liebe zu meiner Mutter und auch meinem Vater, die ich nie auch nur ansatzweise in Frage stellte. Im Großen und Ganzen war ich ein glückliches Kind. Als Mittvierzigerin erkannte ich jedoch, dass es in meiner Kindheit auch Ungereimtheiten gab. Doch dazu komme ich später.

Das Mythos der heilen Welt

Harmonie – um jeden Preis, so lautet das Mantra meiner Mutter bis heute. Wir Kinder waren und sind ihr großes Glück im Leben. Dennoch musste ich mir in einem schmerzhaften Prozess eingestehen, dass meine Vergangenheit als Scheidungskind nicht immer nur „toll" und „harmonisch" war, wie ich das in meiner kindlichen Erinnerung durchlebt hatte.

„Bitte nicht streiten", „vertragt euch jetzt", „was denken denn die Nachbarn, wenn sie euch hören", „ihr müsst euch auch zusammenreißen können" – ja, meine Mutter stand sicherlich unter hohem Druck: der Halbtagsjob im öffentlichen Dienst, eine eher seichte finanzielle Grundversorgung, der Haushalt mit Wäschebergen und verstopften Klos und mit Kindern, die schlecht gelaunt aus der Schule am Mittagstisch gehört werden wollten, die augenscheinlich stetige Bewertung durch die Kleinstädter, Kirchenbesucher oder Nachbarn und vermutlich auch die Beweiserbringung meinem Vater gegenüber, dass sie ihren Alltag mit uns – auch ohne ihn – gut bewältigte.

Seit ich selbst Mutter bin, frage ich mich: Wo und wann konnte Mama eigentlich ihren eigenen Bedürfnissen, Hobbies und Träumen nachgehen? Wieso konnte ich das damals nicht sehen und ihr mehr Freiraum lassen?

Welch naive Annahme. Mehr als einmal betonte meine Mutter, dass ihre Kinder stets ihre Lebensaufgabe waren, der sie sich selbstverständlich untergeordnet hatte, oft ungeachtet ihrer ureigenen persönlichen Belange – doch dabei nach eigener Aussage stets glücklich war.

Insgeheim war sie für mich die Heldin unserer Familie, wodurch ich sie – ohne das beabsichtigt zu haben – bis zu meiner Abnabelungskrise in meinen Vierzigern auf eine Art unantastbaren Sockel gehoben hatte. Ich wagte kaum, ihr zu widersprechen oder ihre Äußerungen in Frage zu stellen und fragte sie bei jeder wichtigen Entscheidung um Rat – bis ins hohe Erwachsenenalter.

Aufgrund der beengten Wohnverhältnisse teilte ich mit ihr – weit hinein in mein jugendliches Alter – ein Schlafzimmer, das lange Zeit aus einem raumfüllenden Ex-Ehebett bestand. Heutzutage würde das möglicherweise mit dem Modewort „toxisch" betitelt werden, doch damals war es eben die praktischste Lösung. Später wurde das Doppelbett in ein Stockbett eingetauscht, das einem zunehmend adoleszenten Mädchen wie mir zumindest tagsüber Freiraum ließ.

Im Gegenzug musste sich meine Mutter mit Starschnitten von E. T. und Nino de Angelo an ihrer Schrankwand arrangieren und sich mit einem Aquarium auf dem Nachttisch und heranwachsenden Fröschen, als Folge meiner Kaulquappenzucht, anfreunden. Geduldig begleitete sie meine wechselnden Hobbies, wie z. B. Vorführungen mit dem Rollschuhverein, Chordarbietungen, Theaterstücke, Malwettbewerbe und nicht zuletzt meine spätere Leidenschaft für das Paartanzen.

In emotionalen Extremsituationen stand sie mir bei, holte mich mitten in der Nacht nach einer unsäglichen Heimwehattacke von meiner Freundin ab und war geduldige Zuhörerin, wenn ich mich unglücklich verknallt hatte.

Unsere Kommunikation fand oft in Form von langen „Entschuldigung, dass ich so böse zu dir war"-Botschaften oder „Mama, bitte darf ich"-Briefchen sowie zwischen unzähligen „Bitte einkaufen"-Zetteln statt.

Als meine Geschwister aus dem Haus waren, fuhren wir viele Jahre lang zu zweit in den Urlaub und wurden nicht selten sogar für Schwestern gehalten. Die Beziehung machte mich oft stolz. Meine Mutter war Stütze und Sicherheit und erfüllte mir damit die wichtigsten Grundbedürfnisse wie Schutz, Geborgenheit und emotionale Bindung. Keinesfalls wollte sie uns durch ihre eigenen Probleme belasten und versuchte deshalb, uns ihre unangenehmen Gefühle nicht zu zeigen. Das gelang ihr bravourös – schade.

Doch an einem derart innigen Verhältnis - wie meine Mutter und ich es pflegten – gibt es auch eine Kehrseite: denn neben der Bindung an Bezugspersonen zählen zu den Grundbedürfnissen

Das Mythos der heilen Welt

eines Menschen auch Autonomie, Selbstbestimmung und Selbstverwirklichung.

In einem gesunden Eltern-Kind-Verhältnis kommt es bei einem Mädchen spätestens mit fünfzehn zu einem natürlichen Ablöseprozess, der meist irritierende und heftige Emotionen, Streitigkeiten und Enttäuschungen einschließt. Das war bei mir nicht der Fall.

Aufgrund der Sockelstellung meiner Mutter und der eingeschränkten Präsenz meines Vaters, habe ich die Ablösung, die üblicherweise in der Pubertät stattfindet, nur ansatzweise durchgemacht. Ich merkte nicht, dass ich die natürliche Erlaubnis hatte, mein Leben nach meinen eigenen Wünschen und Bedürfnissen zu gestalten. Meine Eltern hatten dieses Anpassungsverhalten nie eingefordert, sondern mir – im Gegenteil – viele Freiräume zugestanden.

Meine Anpassung war also ein unglückliches Missverständnis.

Das mütterliche Harmoniebedürfnis ließ mich übersehen, dass zu einem gesunden Miteinander auch Streit gehört. Einerseits hatten mich meine Cousins und mein Bruder männliche Attribute wie Stärke und Ausdauer gelehrt, andererseits hatte ich verinnerlicht, dass Harmonie ein Wunschzustand ist und ich mich deshalb lieber zurücknehmen sollte.

Heißt das auch, dass ich „des Friedens wegen" meine eigentlichen Gefühle zurückgestellt habe, weil es mir so vorgelebt wurde? Einleuchtend wäre das schon: Denn wie hätte meine Mutter die Kraft für uns aufbringen können, wenn sie jedes aufkommende Gefühl zugelassen hätte? Wenn sie die Sorgen um unsere Zukunft und später um ihre erkrankten Eltern, die Trauer um den verloren gegangenen Traum einer glücklichen Ehe, ihre Zerrissenheit zwischen Beruf und Haushalt, wenn sie all diese Gefühle an sich herangelassen hätte? Wenn – was sie noch immer oft als Glück betitelt – „Ablenkung" nicht ihre Strategie hätte sein können?

Manchmal sagte sie in belanglosen Situationen zu mir: „Du musst dich doch jetzt bestimmt traurig fühlen", „du bist jetzt sicher müde, Kind", „du darfst das nicht so an dich ranlassen", „sei nicht so empfindlich", „du bist halt ein Sensibelchen."

Ich nahm das, so unreflektiert wie Kinder sind, als meine Wahrheit an. „Wenn sie das sagt, dann stimmt das sicher auch. Ich bin jetzt bestimmt müde", und „ja, Mama, ich bin halt ein Sensibelchen."

Aus der wissenschaftlichen Psychologie ist längst bekannt, dass Kinder die emotionale Verfassung ihrer Mütter bereits im Mutterleib spüren können. Als Kleinkind richten sie – völlig unbewusst – ihr Verhalten danach aus, passen sich an, nehmen sich zurück, damit (als ungeschützter Säugling) im wahrsten Sinne des Wortes ihr Überleben gesichert ist.

Meine Mutter vertritt bis heute die Ansicht, dass ich – als Jüngste – den geringsten Schaden der Scheidung davongetragen hätte. Erst in meinen Therapien wurde mir bewusst, dass die Trennung meiner Eltern vollzogen wurde, als ich zwei Jahre alt war.

Jeder neuzeitliche Mensch weiß: Keine Trennung vollzieht sich von heute auf morgen, ohne Phasen von Streitereien, unerträglicher Verzweiflung, Wut und Traurigkeit. Sollte ich davon also wirklich nichts mitbekommen haben?

Was war also die Geschichte, die ich mir über vierzig Jahre lang immer und immer wieder selbst erzählte?

Vielleicht lautete sie so:

„Gefühle, vor allem Wut und überbordende Trauer, muss ich im Zaum halten, sonst werde ich womöglich ausgeschlossen, oder geliebte Menschen gehen weg.

Nie den Kopf ausschalten!

Von unangenehmen Gefühlen muss ich mich ablenken, weil es sonst zu sehr weh tun könnte.

Ich habe zwar Gefühle und erlaube sie mir manchmal in Situationen wie Malen, Singen, Tanzen und kurzen Streits mit meinen Geschwistern, doch Gefühle können mich auch auf eine falsche Fährte bringen und mich von wichtigen Dingen ablenken.

Deshalb darf ich meinen Gefühlen nie komplett vertrauen."

Und was war die Moral daraus?

Ich folgerte, dass eine Dissonanz oder ein Konflikt zwischen liebenden Menschen, vor allem wenn er laut ausgetragen wird, das Ende einer wichtigen Beziehung zur Folge haben kann. Und dass es unangenehm werden könnte, wenn ich nicht das mache, was früher meine Eltern – und später die Mehrheit meiner Mitmenschen, von mir erwarteten.

Ich hatte gelernt, dass ich mich möglichst in vielen Bereichen und bei allen Mitmenschen „beliebt" machen und diesen Zustand halten muss.

Andere Meinungen erschienen mir immer wichtiger als meine eigene. Mich lieber anzupassen als Kontra zu geben und eine negative Reaktion aushalten zu müssen.

Ich hielt es für gut, anderen einen Gefallen zu tun und mich über meine Grenzen anzustrengen und zu engagieren, um ihnen zu gefallen.

Geliebtwerden um meiner selbst willen? Das schien grundsätzlich für mich ausgeschlossen.

Ein fataler Irrtum, der mir später von Seiten meines Körpers in Form von Panikattacken, Erschöpfungszuständen und dem Komplettverlust an Kontrolle und Selbstwertgefühl vor die Nase gespült wurde.

Diese Zurücknahme meiner Gefühle und mein Anpassungsverhalten spiegelten sich auch in meinen Freundschaftsbeziehungen wider. Weil ich mir damals noch nicht die nötige Wertschätzung entgegenbringen konnte, geriet ich immer wieder in Konstellationen, die mich als „fünftes Rad am Wagen" fühlen ließen. Das galt in gleichem Maße für Mädchenfreundschaften und auch später, als ich endlich erste Erfahrungen mit Jungen und meiner aufkeimenden Sexualität machen wollte – so wie manche Kameradinnen das längst taten. Leider war meine damalige engste Freundin immer schneller und kesser als ich. Diese verbandelte sich auch mit Jungen, für die ich bis dato ausschließlich platonische Gefühle gehegt hatte – die ich dann letztlich aber auch als Kumpel verlor. Meine Wut und Trauer darüber hielt ich zurück. Ich bemühte mich weiterhin, die verständnisvolle Freundin zu sein.

Auf dem Gymnasium gehörte ich niemals zu den coolen Leuten, die in den Raucherecken klüngelten und „Wichtiges" zu sagen hatten. Ich fand mich langweilig und farblos, eher schüchtern und zurückhaltend. Nein, dabei fühlte ich mich keinesfalls als „Mauerblümchen". Nur wenn ich mich wieder einmal verliebt hatte und abgewiesen wurde, fühlte ich mich einsam.

In der Abizeitung schrieb eine Person über mich, ich sei „naiv und einfältig", was mir damals den Boden wegzog und mir noch Jahre später einen Stich versetzte. Das traf mein unterentwickeltes Selbst tief, obwohl auf derselben Seite relativierende Sätze standen wie „Hast du eine Ahnung" und dass derjenige mich gar nicht richtig kennen würde, nicht so, wie ich wirklich sei, eben tiefgründig und verlässlich. Es stimmt leider: Ein einziger negativer Satz kann zehn positive zunichtemachen.

Mehrere ausgewählte Freundschaften, auch mit Jungen, bin ich damals eingegangen, meist solche, die ebenfalls an tiefgehenden Gesprächen interessiert waren und sich nicht nur auf Oberflächliches konzentrierten. Einige von ihnen spielen auch heute noch – ungeachtet hunderter Kilometer Entfernung – wichtige Rollen in meinem Leben. Authentizität und Ausdauer zahlen sich eben aus.

Dieser Einblick in meine Vergangenheit soll erst einmal genügen. Ich hoffe, dass er zu mehr Verständnis beiträgt, wieso die oben beschriebenen familiären, sozialen und individuellen Defizite mir mit Mitte Vierzig knallhart vor die Füße fielen.

Beruf aus Versehen

„Eigentlich wollte ich nie Lehrerin werden." Das stimmt bei mir tatsächlich. Wieso bin ich es dennoch geworden? Nun, meine Liebe galt seit Kindheitstagen der Kunst und dem Malen. Relikte davon liegen noch heute sorgsam verschnürt in meinem Keller. Nach dem Abitur – mit den Hauptfächern Kunst und Französisch – war mir klar, dass ich „irgendetwas Kreatives und mit Menschen" machen wollte. Ich absolvierte zunächst ein Schnupperpraktikum in einer Werbeagentur mit der Absicht, mich für Grafikdesign zu bewerben. Gleichzeitig begann ich ein Freiwilliges Soziales Jahr in einem Wohnheim für körperlich und geistig beeinträchtigte Erwachsene. Dafür zog ich mit neunzehn Jahren aus meinem mütterlichen Haus aus und sammelte erste WG-Erfahrungen.

Für den Tag der Mappenberatung an einer Hochschule für Gestalten hatte ich mich sorgfältig vorbereitet. Neben frisch produzierten Werken fanden sich auch Exemplare aus der Schulzeit sowie eine architektonische Skulptur. Gemeinsam mit unzähligen, augenscheinlich vor Selbstbewusstsein strotzenden Mitbewerbern fand ich mich – sehr nervös – in einem Hörsaal wieder. Im Nachhinein glaube ich, dass hier ein Verdrängungsmechanismus zuschlug: Bis heute erinnere ich nur ein furchtbares Gefühl von Scham und fühlbarem Erröten, als meine Skulptur vor den Augen der Dozierenden und grinsenden Studierenden-in-spe zusammenbrach. Und ich realisierte, dass mein Innenleben in jenem Moment einer Katastrophe gleichkam.

Ich benötigte einige Wochen Karenzzeit, um diesen Vorfall als das einzuordnen, was er war: ein notwendiges Zeichen, dass ich beruflich einen anderen Weg einschlagen sollte.

So richtete ich fortan mein Engagement auf die erfüllende und gleichzeitig herausfordernde Tätigkeit mit jenen Menschen aus, die am Rande der Gesellschaft stehen.

Nach einem prägenden Jahr begann ich das Studium der Sonderpädagogik, das am Ende zwangsläufig in den Lehrberuf führte, was mir zu Beginn noch nicht ganz klar war. Ich arrangierte mich damit.

Etwa vier Jahre, zahlreiche Grenzerfahrungen, herausfordernde Prüfungen und quälende schriftliche Arbeiten später, fand ich mich in einer offiziellen Amtsstube wieder. Ich hatte mein Studium erfolgreich hinter mir und mein erstes Staatsexamen in der Tasche. Im Sommer 1997 hörte ich mich mit erhobener Hand den Diensteid zu meiner Verbeamtung auf Probe aussprechen ... eine skurrile Situation.

Das Referendariat forderte hohes Einsatzvermögen und starke Nerven von mir ab, besonders während der Unterrichtsbesuche und Lehrproben, in denen ich minutiös unter Beobachtung eines Vertreters des Schulamtes stand. Der Druck war immens. Ob eine Lehrprobe gut oder schlecht bewertet – also benotet – wurde, sagte meist herzlich wenig über die tatsächliche Qualität dieser einen Unterrichtsstunde und noch weniger über meine pädagogische Begabung aus. Meistens gingen ihr tagelange Vorbereitung und schlaflose Nächte voraus.

Zwei Jahre und zwei Schulen danach hielt ich meine Beamtenurkunde in der Hand – auf Lebenszeit! Ich hatte es geschafft! Jackpot!

Für die Schule meiner Wahl verließ ich meine bisherige Heimat in Richtung Süddeutschland. Die bergige und bewaldete Gegend war ein Magnet für meine Entscheidung. Ich zog dorthin, wo andere Urlaub machen, an den Rand des Schwarzwalds, in eine Maisonette-Wohnung mit traumhaftem Blick über die Rheinebene, wovon ich auch in kürzester Zeit mein geliebtes Frankreich erreichen konnte. Hätte ich zu jener Zeit nicht gleichzeitig noch eine Trennung – nach einer äußerst ungesunden Beziehung – zu verarbeiten gehabt, wäre das Glück perfekt gewesen.

Es folgten engagierte Jahre in wechselnden Funktionen und Rollen innerhalb der Schullandschaft. Das Feuer, das in meinem Sozialen Jahr entfacht wurde, konnte ich lange Zeit am Leben erhalten, vor allem, wenn ich genügend Freiraum für außerunterrichtliche Aktionen hatte, wie z. B. Kanufahrten begleiten, Ausstellungen organisieren, Film- und Hörspielprojekte durchführen oder Lerngänge in Museen anbieten. Ein toller Nebeneffekt dabei war, dass ich die Schüler bei einem Video-Dreh besser kennenlernte oder Qualitäten und Talente entdeckte, die in einer schnöden Klassenzimmersituation niemals zu Tage gekommen wären. Oft fiel anschließend der Umgang miteinander im Unterricht leichter, und das unerwünschte Verhalten und die Lernleistung verbesserten sich. Das motivierte mich zu neuen Aktionen, deren Organisation weit in meinen Privatbereich reichten.

Prinzipiell ging es mir bei meiner Arbeit mit Menschen um den bewussten und aufmerksamen Blick „zwischen die Zeilen", was das Bemühen zur Folge hatte, jeden einzelnen Jugendlichen so gut wie möglich kennenzulernen. Ich wollte eine gute Beziehung aufbauen, um eine größere Offenheit für den Lernstoff erzielen zu können.

Schon immer reizten mich die scheinbar verloren Geglaubten am meisten. Zusätzlich war ich von der romantisierenden Einstellung besessen, jedes Kind und jeden Jugendlichen auf seinen bestmöglichen Weg zu bringen – und sei er auch noch so herausfordernd, respektlos, verhaltensoriginell oder durch prekäre familiäre Zustände belastet. Ich wollte die kurze gemeinsame Schulzeit dazu nutzen, um im Leben meiner Schüler „Diamanten zu streuen", mit denen sie die Chance auf eine bessere und leichtere Zukunft erhalten könnten. Zugegeben, das roch ein wenig nach dem Image einer „naiven Weltretterin mit Helfersyndrom".

Ein Vorteil vieler sonderpädagogischer Einrichtungen sind kleine Klassengrößen mit maximal acht Schülern. Die Gruppen sind aufgrund verschiedenster Handicaps durch eine große Heterogenität mit unterschiedlichen Bedürfnissen und mehr oder weniger belasteten Eltern geprägt. Als Lehrkraft gilt es hier, Brücken zu schlagen: durch regelmäßige Elterngespräche, Absprachen im Team und letztlich auch durch einen individualisierten

Unterricht ohne strukturiertes Standardmaterial, wie es innerhalb einer regulären Grund- oder Werkrealschule üblich und vor allem erhältlich ist. Im Klartext heißt das: „Werte Lehrkraft, passe gefälligst vorhandenes Lehrmaterial möglichst sinnvoll den Bedürfnissen deines jeweiligen Schützlings an."

Wie sah das konkret aus? Unzählige Abende, in denen ich Arbeitsblätter umschrieb, möglichst anschaulich neugestaltete, passende Abbildungen recherchierte und hinzufügte, spät ins Bett ging, um am nächsten Morgen mit zittrigen Nerven den Klassenraum zu betreten und hinterher festzustellen, dass das liebevoll gestaltete Dokument innerhalb weniger Minuten abgearbeitet war und bis zum Tod durch Schreddern im Ordner verschwand. Ich habe sehr lange Jahre gebraucht, um von diesem vermeintlichen Muss abzurücken.

Bei schulübergreifenden Fortbildungen betonte ich häufig, dass ich keine Lehrerin im klassischen Sinn, sondern Sonderpädagogin sei. Tatsächlich werde ich auch bis heute nicht müde, darauf hinzuweisen: „Ich fühle mich nicht als Paukerin, sondern als Lern- und Lebensbegleiterin."

Nicht selten eilte mir der Ruf voraus, ich sei „zu weich" und könne ruhig strenger sein, mal auf den Tisch hauen oder Strafarbeiten verteilen. Doch Fehlverhalten zu bestrafen oder ihm eine unangenehme Konsequenz folgen zu lassen, fällt mir unendlich schwer. Lieber suche ich zum x-ten Mal das Gespräch, in der Hoffnung, neue Prozesse mit nachhaltigen Erkenntnissen anzuregen.

Zusammenfassend gesagt: Ich wollte meine Arbeit grundsätzlich besser als gut genug machen, was mich dringend benötigte Erholungsphasen und unendlich viel wertvolle Lebenszeit gekostet hat.

Den Wechsel von meiner langjährigen Schule für Kinder und Jugendliche mit einer kognitiven Einschränkung zu einer Schule der Jugendhilfe vollzog ich knapp drei Jahre nach meinem siebenwöchigen Klinikaufenthalt.

Von Anerkennung und anderen Abhängigkeiten

Ich hege Suchttendenzen: Besonders als Kind war ich regelrecht abhängig von einem simplen lobenden Wort meiner Eltern und meiner Lehrkräfte, quasi von allen erwachsenen Mitmenschen, vor deren Augen ich eine anerkennungswerte Leistung vollzogen hatte. Ich war ein Mädchen, das Lob und Wertschätzung über ein normales Grundbedürfnis hinaus dringend gebraucht hat.

Wieso das so war, erkläre ich mir erneut mit meiner Geschwisterstellung als viertes und letztes Kind, das im hektischen Fünf-Personen-Alltag immer wieder „einfach mitlaufen" musste und sich manchmal mit seltsam anmutenden Ideen, z. B. einer nächtliche Tapezieraktion, anstrengte, um in seinen Bedürfnissen gesehen zu werden.

Dies begann mit der Erzählreihenfolge und dem kürzesten Rede-Slot beim Mittagessen und endete damit, dass ich bei meiner Erstkommunion das kurze (!) Kleid meiner großen Schwester auftragen musste, obwohl ich unendlich viel lieber – der damaligen Mode entsprechend – ein langes „Sissi-Kleid" mit Reifrock getragen hätte. Zugegeben: die Bedeutung dieser Äußerlichkeit ist in Anbetracht des kirchlichen Anlasses ein wenig überschätzt. Trotzdem hat mich das geschmerzt. Doch ich hatte gelernt, mich ohne großen Widerspruch zu fügen.

Fakt ist, dass ich in meinem Leben immer wieder nach Lob und Bestätigung für meine Leistungen geheischt habe. Dies reichte bis weit in mein Erwachsenenleben hinein.

Dort angekommen erkannte ich sehr früh: Lobesworte und Anerkennung von außen sind unüblich und rar. Wer wird als Elternteil schon von seinen Mitwohnenden für ein sauber geputztes Klo gelobt oder dafür, wenn das Wohnzimmer in seinen Ursprungszustand ohne herumliegende Zeitschriften, zerknautschte Kissen oder Chipsreste zurückversetzt wurde?

Als Lehrkraft verhält es sich – abgesehen von der monatlichen Gage – ähnlich: Gesät wird im Unterricht, geerntet wird entweder bei der Korrektur der nächsten Klassenarbeit oder durch ein spontanes „Das hat heute Spaß gemacht" oder mit ganz viel Glück bei einem sehr verspäteten zufälligen Treffen auf der Straße: „Frau Schmitt, ich wollte mich mal bedanken. Sie haben mir damals echt geholfen."

In meinen Anfangsjahren als Junglehrerin war dieses Bedürfnis nach externer Anerkennung und Bestätigung besonders groß. Möglicherweise war das auch der Tatsache geschuldet, dass ich zu jener Zeit Single war. Alleine in meiner Wohnung, war der Spagat zwischen Stress und Erholung groß. Das erschöpfte mich. Die hohe Arbeitsbelastung, Trubel und Lärm, meine Neigung zu Perfektionismus und dann – mit Anfang dreißig – meine Sehnsucht nach einer eigenen Familie mit Kinderwunsch, befeuerten mein Bedürfnis nach einer Auszeit von der Schule. In der Zwischenzeit hatte ich meinen heutigen Ehemann kennengelernt, der die Familienplanung ebenfalls vorantreiben wollte.

Glücklicherweise fügte sich eines zum anderen, so dass ich 2005 hochschwanger für knapp fünf Jahre dem Schultor den Rücken zukehrte. Meinem ersten Sohn folgte zwei Jahre später der zweite. Zwischendurch beteiligte ich mich aktiv – so weit das als Mutter mit Babybauch möglich war – an unserem Hausbau, verlegte Leitungen für die Fußbodenheizung, versorgte traditionsgemäß Baustellenarbeiter mit Mittagessen, Kaffee und Kuchen und hielt meinem arbeitenden Ehemann und erschöpften Vater meiner Jungen den Rücken frei.

Ohne es mir bewusst zu sein, rutschte ich schleichend in Rollen, die ich früher als herumreisende Studentin und Abenteuersuchende verabscheut hatte. Niemals wollte ich in die Abhängigkeiten einer konventionellen männlich-weiblichen Rollenverteilung geraten. Doch ich musste mir irgendwann eingestehen, dass diese Lebenssituation auch eine gehörige Form an Behaglichkeit und Sicherheitsgefühl bedeutete. Weil ich mit meiner Findung als ungeübte Hausfrau extrem beschäftigt und als Mutter zweier reizender und auch lebhafter kleiner Jungen ohnehin oft erschöpft war, ließ ich den Dingen freien Lauf.

Von dem Moment an, als ich mich meiner Fügung ergeben hatte, setzte ich alles daran, meine berufsfreie Zeit so gut wie möglich zu nutzen und meinen Söhnen die bestmögliche Förderung zukommen zu lassen. Mein gelerntes Wissen aus dem Sonderpädagogikstudium leistete mir ähnlich gute Dienste wie die praktischen Selbsterfahrungen aus meiner eigenen Kindheit mit meinem Bruder und den Cousins.

Das noch fehlende theoretische Fundament für meine Erziehungsarbeit baute ich mir durch Bücher. Leider stand in keinem der Exemplare, wie ich mit tiefer Erschöpfung, Schlafmangel, herausforderndem Verhalten von wilden Kerlen und meinen zunehmenden Selbstzweifeln umgehen konnte. Zudem fiel es mir schwer, mich innerhalb des Kreises der Spielplatz-Mütter zu etablieren. Dieses Imponiergehabe und die ständigen Vergleiche, wer die „bessere Mutter" sei, fand ich schier unerträglich.

Weil ich wusste, wie elementar wichtig eine gute Beziehung zwischen Kindern und mindestens einer Bezugsperson ist, versuchte ich, mit jedem einzelnen meiner Söhne möglichst viel Zeit zu zweit zu verbringen. Unzählige Bilderbücher und Vorlesestunden, Legobau-Sessions und Autoschlangen-Korsos gehörten zu diesen Mutter-Kind-Aktionen. Vom Feldrand aus feuerte ich sie lautstark beim Fußballturnier an (was bei ihnen selten gut ankam), feierte mit Kakao und Brezeln den überstandenen Kinderarztbesuch, beglückte mich selbst beim „Mutter-Sohn-Malen" in einem Kunstmuseum, baute Schneemänner und Sandburgen oder rannte mit ihnen um die Wette. Ich wollte möglichst alles geben und nahm diese Rolle als kostbares Geschenk an. Sie gab mir mehr Befriedigung als mein Beruf als Lehrerin.

Als meine Jungs in den Kindergarten eingeführt waren, prallte mein eigener Anspruch und mein vermeintliches Wissen, was „das Beste" für meine Kinder sei, knallhart mit den Ansichten der dortigen Erzieherinnen aufeinander. Plötzlich fand ich mich in der Rolle jener Mütter wieder, denen ich damals als Fachfrau (ohne eigene Kinder) möglichst kompetente Ratschläge gegeben hatte.

Die Buben morgens im Kindergarten abzugeben, hatte mir ein gehöriges Maß an Kraft und Loslassen abverlangt, auch wenn ich die frei gewordene Zeit nicht nur für Freundinnenfrühstücke und Einkäufe, sondern auch gut für mich selbst zu nutzen wusste: In dieser Zeit ging ich joggen, plante Urlaube, organisierte Geschenke oder bastelte an Lösungen für akute Alltagsprobleme wie die Eindämmung von Wutanfällen und die Reglementierung von zu hohem Fernsehkonsum.

Die Vorschulzeit war für meine Kinder bestimmt einfacher als für ihre Mutter. Ich glaubte ständig, Vorurteile hinsichtlich meines Lehrerberufs zu spüren, von dem ich zu jener Zeit so weit weg war wie unser kastrierter Kater vom Vaterdasein.

Irgendwann ertappte ich mich heimlich dabei, wie ich den Familienalltag mit Wochenübersichten und regelmäßigen Haushaltsaufgaben in Symbolform zu strukturieren und zu kontrollieren versuchte. Unsere Küchenwand und die Fronten des Kinderzimmerschrankes füllten sich zunehmend mit Dienstplänen und Smiley-Listen, ähnlich wie man es typischerweise in Klassenzimmern findet. War ich wieder reif für die Schule?

Die Frage erübrigte sich mit der sich zu Ende neigenden Elternzeit. Mir blieb gar nichts anderes übrig, als mich mit meiner fast vergessenen Berufsrolle als Lehrerin zu befassen. Zum allerersten Mal drängte sich mir die Frage auf: „Will ich wirklich weiterhin Lehrerin sein?"

Das bisschen Haushalt – von wegen!

„Das Blut quillt mir in den Kopf. Was?! Schon kurz vor zwölf? Ich habe noch nicht einmal eingekauft, geschweige denn überlegt, was ich zu Mittag koche? Wild schrubbend und mit zerzaustem Haarknoten kauere ich auf Knien vor der Badewanne und verzweifle zum x-ten Mal an den Schmutzrändern, die sich im Verlauf einer Woche immer wieder von Geisterhand an den Wannenrand setzen. Ich spüre Wut in mir aufsteigen. Dabei war ich heute Morgen so motiviert gestartet und beim Blankpolieren der Küchenspüle war sogar ein Hauch von Euphorie aufgekommen."

Dieses Szenario wiederholte sich in Dauerschleife. Was war in der Zeit zwischen Anfangseuphorie und Mittagsfrust passiert? Richtig, wieder einmal hatte es Streit über Sinn und Gerechtigkeit der samstäglichen Arbeitsverteilung gegeben. Zwischen meinem Mann und mir hingegen waren die Zuständigkeiten klar geregelt: er überwiegend draußen, ich hauptsächlich drinnen.

Während die Jungs grummelnd ihre überquellenden Papierkörbe zur Tonne schleppten, stieg mein Mann in seine Arbeitsklamotten, bewaffnete sich mit Eimer, Kehrschaufel und Besen. Kurz darauf grölte *Rammstein* aus der Garage, bis weit hinaus in die Nachbarschaft. In mir zog sich alles zusammen. Diese Musik lässt mich von einer Sekunde zur nächsten zur Aggressionsbestie mutieren. Doch da ich Toleranz in der Ehe hochschätze, versuchte ich ruhig zu bleiben, was mir zumindest nach außen hin gelang. Die Kinder hatten zwischenzeitlich ihr Gerangel beigelegt und waren nach der Staubsaugaktion wieder erschöpft in ihren Zimmern verschwunden.

Erschöpfung? Ja, Putzen kann so anstrengend sein.

In diesem Kapitel soll es um die unzähligen Verpflichtungen innerhalb und außerhalb des Haushalts gehen: Wenn dich das nicht tangiert oder du in diesem Bereich große Befriedigung findest, dann springe einfach ins nächste Kapitel. Das Thema treibt mich jedenfalls täglich um, ob ich will oder nicht. Diese Sache stiefmütterlich behandeln zu wollen, wäre ein Unding. Schließlich nimmt es bei den meisten einen immensen Anteil an Zeit und Nerven in Anspruch. In meiner Familie wird dadurch die gewünschte Harmonie immer wieder von Neuem auf die Probe gestellt – ein wahres Pulverfass an Konflikten.

Noch heute lösen Fragen wie „Mama, hast du endlich mein Trikot gewaschen?" oder „Mama, was gibt's zu essen?" ein mittleres Beben in mir aus, vor allem, wenn sie in digitaler Form, ohne Begrüßung oder Anrede, unmittelbar nach Arbeitsende in meinen Erholungsseufzer hineinploppen.

Kochen und Backen fällt mir aufgrund meiner frühen Mitbeteiligung in der mütterlichen Küche leicht – vorausgesetzt, ich habe genügend Zeit und Ideen, was denn auf den Tisch gebracht werden könnte und ob das mit Genuss und ausreichend Wertschätzung gegessen wird. Dieser Umstand ist selten geworden, weil sich die Mengenansprüche und Vorlieben mit dem steigenden Fitnesslevel meiner Söhne verändert haben. Mit den Wäschebergen komme ich auch gut klar, denn das Bügeln habe ich mir nahezu abgewöhnt. Ja, das geht tatsächlich!

Ganz anders verhält es sich leider beim Putzen. Eine anstehende Putzaktion verursacht in mir regelrechte Symptome: Druckgefühl im Bauch, getrübte Stimmung und verlangsamter Antrieb. Einen Tag zuvor regt sich Vermeidungsverhalten und ein Fluchtreflex, dem ich nur selten folge, weil das nichts bringen würde als noch mehr Frust. Denn der Staub auf dem Waschbecken wird durch meine Abwesenheit nicht wie von Zauberhand weniger – in anderen Häusern scheint das offenbar vorzukommen.

Ich liebe unser Domizil wirklich, durfte bei seiner Entstehung meine architektonische Leidenschaft frei entfalten und habe mit größter Leidenschaft sein Innen- und Außenleben geplant und umgesetzt. Dabei war meine höchste Priorität, die Einrichtungsobjekte möglichst reinigungsfreundlich zu drapieren. Ich bildete mich bei Abenden mit Frauen und Prosecco fort und ließ mich über brandneue Putzutensilien aufklären. Doch ich unterlag einem Trugschluss: selbst mit dem hochpreisigen Lappen reinigen sich die Fenster nicht von selbst.

Kurz nach dem Einzug in unser neues Zuhause war ich hochmotiviert; so schön neu und glänzend sah es aus.

Doch ein Alltag mit zwei bewegungsaktiven und turbulenten Kleinkindern fordert immer seinen Tribut. Während der erste Kratzer auf der jungfräulichen Holztreppe noch einer Katastrophe glich, musste ich nach jedem weiteren Fleck, Loch oder Riss von dem Image des allzeit schicken Eigenheims Abschied nehmen. Mittlerweile bin ich auf diesem Auge blind geworden und halbwegs zufrieden, wenn ich nach meiner samstäglichen Putzorgie in das frisch geputzte, nach Lavendel riechende Bad eintrete.

Der größte Haken daran ist allerdings die Maloche, die vor dem Duft steht: Sie raubt mir kostbare Zeit und dabei fällt mir immer sofort der Begriff *Sisyphusarbeit* ein. Beim Putzen gibt es nie ein zufriedenstellendes Ende, weil das Werk spätestens nach der nächsten Kochaktion wieder zerstört ist.

Was mich schier zum Wahnsinn treibt, ist diese unsägliche Ineffizienz, um es deutlicher auszudrücken, diese irrsinnige Verschwendung an Lebenszeit, die ich viel lieber für schönere Dinge nutzen würde: malen, Querflöte spielen, schreiben, lesen, mit meinen Kindern *Siedler von Catan* spielen, mit meinem Mann Rad fahren, joggen oder mich mit einem Lieblingsmenschen unterhalten.

In diesem Dilemma fühle ich mich, seit ich in den Neunzigern erstmals in eigene vier Wände gezogen bin. Genauso lange suche ich vergeblich nach Endlösungen, um diesem Übel entgehen zu können ... Was noch erschwerend hinzu kommt: Meine Mitbewohner mögen zwar – wie ich auch – ein sauberes Nest, doch dessen Pflege genauso wenig. Schade eigentlich.

Als die Kinder noch zu klein waren, um im Haushalt eine echte Hilfe zu sein, zeigte sich der schlimmste Nebeneffekt des Putzens immer wieder: meine Überforderung und Frust. Laut ausgetragene Konflikte und Motz-Tiraden gehörten zum Samstag wie das Brötchenholen. Nicht selten schloss ich die Fenster, weil ich Sorge hatte, dass unsere Nachbarn aufgrund der Dezibels die Polizei verständigen würden. Damals fand ich die süßen kleinen Schokofettabdrücke auf den Glastüren noch nicht so entzückend, wie ich es heute an melancholisch verklärten Tagen empfinden würde.

Meine samstägliche Miss-Laune hielt meist bis zum frühen Nachmittag an. Kaum hatte ich mit einem Seufzer den Wischer verstaut, den wohlverdienten duftenden Cappuccino und ein Schokoladestückchen zwischen meinen Händen, mutierte ich wieder zu der liebenden und fröhlich gestimmten Mutter und zufriedenen Ehefrau.

Mit zunehmendem Alter der Jungs wuchs gleichzeitig meine Erwartung einer Arbeitsteilung. Im Gegenzug versuchte ich von dem Anspruch loszulassen, unser Wohnbereich müsse ein perfekt gestyltes, keimarmes und glänzendes Image wie aus dem Immobilienprospekt ausstrahlen.

Angekündigte Besuche setzten mich sofort unter emotionale Hochspannung, sogar Spontanbesuche von Freunden meiner Kinder – aus vermeintlich perfekt gereinigten und aufgeräumten Wohnverhältnissen ihrer augenscheinlich „fleißigeren" Mütter.

Dennoch wollte ich unbedingt, dass meine Kinder ausreichend Sozialkontakte hatten, mit denen sie ihren Bewegungsdrang auch in unserem Heim und Garten ausleben konnten. Noch heute schaue ich mit Rührung auf das Baumhaus, mit dessen Errichtung uns mein Schwiegervater viele unbeschwerte Nachmittage beschert hatte. Ich hoffe, dass die Freunde meiner Kinder überwiegend gerne bei uns zu Gast waren.

In unregelmäßigen Abständen liebäugle ich mit einer externen Unterstützung. Dennoch würde mir eine weitere ungeliebte Tätigkeit nicht erspart bleiben: das Räumen gefühlt tausender Dinge von A nach B und C, die dann innerhalb von maximal drei Stunden wie von Zauberhand wieder zurück nach A wandern. Dieses Argument überlagerte stets meinen Leidensdruck, so dass ich mich bis heute eigenhändig um unsere vier Wände kümmere – weiterhin mit wechselnder Begeisterung und Unterstützung durch meine Mitbewohner.

Erst viele Jahre danach – nach meinem Klinikaufenthalt und dem anschließenden Genesungsprozess – stellte ich mir die Frage, wie ich diese scheinbar verlorene Zeit während des Putzens so sinnvoll wie möglich nutzen könnte. Meine Rettung kam mit der Entdeckung von zwei Dingen: Over-Ear-Kopfhörer, welche die Umgebungsgeräusche abschirmen und Podcasts. Wenn heute aus Nachbars Garten der Rasenmäher oder *Rammstein* aus der Garage tönt, stelle ich einfach meinen Podcast über Psychologie und Achtsamkeit im Alltag lauter.

Bin ich eine Helikopter-Mama?

Elternsein ist schön – die allermeiste Zeit – und auch herausfordernd. Oft beklagte ich mich bei meinem Mann, weil wir so unvorbereitet in diese Mammut-Aufgabe stolpern mussten.

Für alle möglichen Phasen gibt es Vorbereitungskurse: das Autofahren, zum Erreichen eines Fremdsprachenniveaus, für den Mediziner-Test. Selbst Väter lernen im Geburtsvorbereitungskurs, wie sie mit ihrer Frau während einer Presswehe zu atmen haben. Sicherlich hat sich in den letzten zwanzig Jahren einiges in Richtung Eltern-Coaching getan, doch damals war das eine Wissenswüste.

Bei frisch gebackenen Eltern – und darüber sprechen nur wenige – überwiegen nicht selten Unsicherheit und Anstrengung. Wie man als frisch entbundene Mama oder als unbeholfener Papa einen riesigen Berg an Aufgaben und Sorgen abträgt, der sich im Laufe der Zeit mit einem Kind angehäuft hat, bleibt oft im Dunklen.

Keine kleinkinderfahrene Person hatte mir vorab erzählt, dass Schlafentzug nicht nur in Gefängnissen als Folter empfunden wird. Oder wie sehr man bei der ersten Nadel mitleidet, die in das zarte Speckärmchen gepresst wird. Ganz zu schweigen davon, wenn das Fieberthermometer seines dahindämmernden Kindes mehr als vierzig Grad anzeigt.

Die Tatsache, ein eigenes Kind unter Schutz zu stellen und zu begleiten, stellte meine bisherigen Ansichten über die „Dimension Leben und Tod" komplett auf den Kopf. Das relativierte sich bei meinem zweiten Sohn etwas, da ich vieles schon einmal durchlebt und weitestgehend schadensfrei bewältigt hatte.

Ohne Zweifel bin ich gerne Mama und liebe meine Söhne über alles. Das Glück und die Liebe potenziert sich mit jedem Kind. Und auch die Anlässe für Lachanfälle häufen sich. Das ist wundervoll und wünsche ich jedem. Ich hoffe, dass ich mit dieser Aussage keiner Leserin zu nahe trete, weil der lang ersehnte Kinderwunsch nicht oder bisher nicht erfüllt wurde. Falls doch, bitte ich inständig um Vergebung.

Doch jede Medaille hat bekanntlich zwei Seiten und so möchte ich meinen Bericht nicht allzu romantisierend erscheinen lassen: Was sich mit mehreren Kindern zweifelsohne auch multipliziert, sind belastende Gefühle, wie z. B. der Verlust an Selbstbestimmung und Freiheit, das Zurückfahren der Schlafgewohnheiten, der Mangel an zweisamen Aktivitäten als Paar und in meinem speziellen Fall: Sorgen!

Besonders bewusst wurde mir das, als meine beiden Söhne – meistens in nebligen Herbstnächten – von heimtückischen Pseudokrupp-Anfällen überfallen wurden. Noch heute sehe ich mich panisch die heiße Dusche – wegen des lindernden Wasserdampfes – anstellen oder über eine Stunde lang mit einem erschöpften Kleinkind auf dem Arm die Auffahrt hinauf- und hinunterwandern – wegen der abschwellend wirkenden feuchten Luft. Den sehnsuchtsvollen Blick auf ein gigantisches und Sternschnuppen verheißendes Universum über mir gerichtet, fühlte ich mich unendlich klein und demütig. Meinem Mann entgingen derartige nächtliche Schauspiele manchmal, da er – mit innerem Groll meinerseits – längst wieder in den Schlaf gefunden hatte. Okay, schließlich musste er ja am nächsten Morgen arbeiten.

In jenen Nächten spürte ich sie besonders: die Zerrissenheit zwischen der Chance, zum Arbeiten das Haus verlassen zu können, und dem Privileg, für meine Söhne daheim bleiben zu dürfen. Ungeachtet der überbordenden Müdigkeit am Folgetag, überwog meist die Freude, wenn die ausgeschlafenen Kinder mit ihrem Wimmelbuch zu mir ins Bett gestürzt kamen.

Trotz vieler Entbehrungen bin ich glücklich und dankbar für die fünf Jahre 24-Stunden-Job. In Anbetracht der heutigen Diskussionen, ob ein Kind bereits mit vier Monaten oder „erst" mit einem Jahr in die Kita gehen – bzw. getragen werden – sollte, sträuben sich mir jedes Mal die Nackenhaare. Ich weiß, in Ausnahmefällen geht das nicht anders.

Fakt ist allerdings: Eine zuverlässige Bindung zu mindestens einer Bezugsperson, vorzugsweise zu einem Elternteil, zu den Großeltern oder zu anderen nahen Personen, ist vor allem im Alter zwischen null und sechs Jahren unerlässlich für eine gesunde Entwicklung. Punkt. Dazu gehören möglichst viele Phasen von ungeteilter Aufmerksamkeit und mit aufrichtigem Augenkontakt – ohne Smartphone in der Hand. Noch gibt es wenige Langzeitstudien, inwiefern die direkte Nutzung des Smartphones oder die Ablenkung der Eltern durch digitale Geräte bei Kindern Bindungsstörungen verursachen. Zum Glück wird das mittlerweile in Augenschein genommen[2].

Zugegeben: Manchmal kostet es Überwindung und einen langen Atem, zum hundertsten Mal das Buch über Baustellenfahrzeuge oder die neueste Ausgabe von *Prinzessin Lillifee* zu kommentieren. Und doch bin ich davon überzeugt, dass unsere Jungs bis zum heutigen Tag von unseren Vorlesemarathons profitieren – ein Bub links, der andere rechts, in die Arme gekuschelt. Damals fühlte ich den Himmel auf Erden, auch wenn beide kurz zuvor kreischend und beißend entknotet und wütend vom Boden gepflückt werden mussten. Ich hoffe inständig, dass die Bindungserfahrung reicht und anhalten wird – möglichst bis weit über die Zeit ihres Auszugs hinaus.

Doch widmen wir uns an dieser Stelle nochmal meiner Schattenseite des Mutter-Daseins: Sorgen. Besorgt zu sein, wurde mir schon früh vorgelebt – durch meine Oma, meine Mutter, meine Tante. Hinterfragt hatte ich das nie. Paradoxerweise gab es in meiner Kindheit kaum einen ernsthaften Grund dafür. Ich war ein unkompliziertes Kind. Aus meiner Erinnerung heraus verliefen alle heiklen Unternehmungen glimpflich. Das Angstgefühl davor war immer schlimmer als das Ereignis, um das gefürchtet wurde.

Als ich selbst Mutter wurde, war es für mich selbstverständlich, mich ebenfalls um meine Kinder zu sorgen. Ich dachte, das

---

2 https://aerztezeitung.at/2020/oaz-artikel/medizin/kindliche-entwicklung-und-smartphones-vom-smartphone-zum-smart-baby/

gehöre dazu, wenn man seine Kinder liebte. Dennoch bemühte ich mich, ihnen so wenig wie möglich mit Sorgenfalten zu begegnen.

Einige Jahre gelang mir das reibungslos, bis zu einem Ereignis, das niemand voraussehen, geschweige denn verhindern konnte – auch nicht durch Sorgen:

Als mein Ältester vier Jahre alt war, wurde ein Kindergartenkumpel von einem Lastwagen überfahren – nur hundert Meter von unserem Haus entfernt. Er starb noch an der Unfallstelle. Wir hörten die Verzweiflung der Mutter bis in unseren Garten widerhallen. Noch heute erstarre ich bei dem Schrei einer Frau.

Dieser erschütternde Unfall traf das Mark unserer Kleinstadt. Wie unermesslich groß musste erst der Schmerz seiner Mutter in jenem Moment sein?

Für meinen älteren Sohn war das die erste Begegnung mit dem Tod. Viel zu früh. Um das Thema Vergänglichkeit – und meine eigene Ohnmacht – so natürlich wie möglich aufarbeiten zu können, entschied ich mich, meinen Sohn mit auf die Beerdigung zu nehmen – in Absprache mit anderen Müttern, die sich ebenfalls von ihren Kindern begleiten ließen.

Doch der Tod eines Kindes ist alles andere als ein natürlicher Lauf der Dinge. Selbst als sich nach außen hin der Alltag wiedereingestellt hatte, ließ mich dieses Schicksal nicht mehr los. Ich fühlte mich noch immer wie gelähmt und wurde von Tag zu Tag trauriger und müde.

Noch im selben Jahr fuhr ich mit meinen Söhnen in eine Mutter-Kind-Kur auf eine Nordseeinsel – weit weg. Gleichzeitig schämte ich mich dafür, weil es mir doch gar nicht zustand, mich so schlecht zu fühlen. Es war ja schließlich nicht mein Kind, das gestorben war.

Zum ersten Mal nahm ich ein psychologisches Gespräch mit einer der Nonnen in Anspruch, die für das Mütterkurheim zuständig waren.

Drei Wochen Auszeit waren ein Segen für mich, zumal ich endlich einmal stundenweise meine Verantwortung für Kinder und Haushalt abgeben durfte, um mich um meine eigenen Belange kümmern zu können. Das Abgeben der Jungen in eine Fremdbetreuung bereitete mir dennoch ein schrecklich schlechtes Gewissen. Glücklicherweise hatten meine Jungs viel Spaß mit den anderen Kindern belasteter Mütter.

Im Anschluss an die Kurmaßnahme endete meine Elternzeit. Nun wusste ich, dass ich für den Wiedereinstieg in meinen Beruf gewappnet war. So kehrte ich als Teilzeit-Lehrerin in die Schule zurück. Das passte gut für mich, denn so konnten die Erinnerungen an den Unfall verblassen.

Der Start gelang. Es folgte die Hoch-Zeit meiner Schulkarriere, in die mein größtes schulisches Engagement und der höchste Leistungserfolg fielen. Nie zuvor und nie mehr danach fühlte ich so viel Freude und Erfüllung an meiner Tätigkeit als Sonderpädagogin. Im Deutschunterricht schrieb ich gemeinsam mit meinen Schülern ein Drehbuch und setzte dieses mit aufwändigen Filmarbeiten um. Die Ausdauer auf beiden Seiten war immens. Das bestätigte und beflügelte mich. Der fertige Film über Freundschaft, Mobbing und Rauchen wurde einige Monate später an einem Kino-Abend vor großem Publikum samt Eltern und Vorstandschaft uraufgeführt und überaus wertgeschätzt. Ja: Autonomie, Lob und Anerkennung – mein Garant für zufriedenes Arbeiten.

In der Kur hatte ich gelernt, dass ich – auch als Mutter – auf meine Bedürfnisse achten darf. Ich erforschte zunehmend, was ich längst machen wollte, und meldete mich daraufhin in einer Komparsen-Agentur an. Hinter die Kulissen eines echten Filmdrehs zu blicken, war ein langgehegter Traum von mir. Tatsächlich kam es in den Folgejahren zu mehreren Kurzauftritten in Produktionen mit renommierten deutschen Schauspielern, was mir zu einem weiteren emotionalen Höhenflug und gesteigertem Selbstbewusstsein verhalf. Die Krönung waren drei Szenen im Sonntagskrimi *Tatort*, mit denen ich letztlich das Zeitfenster jenes Bedürfnisses schloss.

Niemals ging es mir darum, damit nach außen zu prahlen. Im Gegenteil: nur die Familie und engsten Freunde informierte ich über meine kleine Leidenschaft. Die Hauptsache war: Ich hatte diesen Traum verwirklichen können.

In jener Zeit fühlte ich mich sicher eingebunden, in ein Netzwerk bewährter und neuer Freundschaften, meinem Kollegium, der Chorgemeinschaft und der Pfarrgemeinde. Da meine Jungs nun beinah wöchentlich als Ministranten in Gottesdiensten ihren Dienst leisteten, spielte auch die Religion und der Kirchgang wieder eine wesentliche Rolle in meinem Leben. Damals war unsere Seelsorgeeinheit mit einem modernen und engagierten Pfarrer gesegnet, der nicht nur alltagsnahe und lebendig-fröhliche Gottesdienste abhielt, sondern auch Kinder und Jugendliche für den Glauben und ein christliches Miteinander begeistern konnte. Da ich in meiner eigenen Kindheit ähnlich intensiv in eine Pfarrgemeinde eingebunden war, machte mich dieser Umstand sehr glücklich. Ein wahres Geschenk des Universums.

Ich belebte die Hobbies meiner Vor-Mutterschaft wieder – Querflöte spielen, joggen, malen, singen, mich mit Freundinnen und Freunden treffen. Als Familie erlebten wir überwiegend entspannte Urlaube in Mobilheimen und Ferienwohnungen.

Hier könnte das Buch eigentlich enden – als glückliche Frau Ende 30, ausgefüllte Mutter und neu berufene Lehrerin – mit Happy End, in einem Alltag ohne Sorgen. Oder?

Doch das Leben hat bekanntlich eine Eigendynamik, auch weil es etwas gibt, das unbewusst und im Verborgenen mitwirkt.

Die Mutter-Kind-Maßnahme hatte für Erholung und neuen Mut gesorgt und viel Gutes in Gang gesetzt. Doch bei vielen Themen wurde nur ein wenig die Oberfläche angekratzt. Darunter schwelten weiterhin unbearbeitete Grundthemen: Perfektionismus, Leistungsdruck, unverarbeitete Trauer, alte Ängste und überbordende Sorgen. Scheinbar grundlos überfiel mich zu jener Zeit immer wieder ein Gefühl von Panik, ohne Vorankündigung. Es kam vor allem, wenn einer unserer Söhne mit dem

Fahrrad oder auf einer Straße unterwegs war und gleichzeitig das Geräusch des nahenden Martinshorns lauter wurde. Obwohl ich meine Kinder höchst selten mit dem Auto von der Schule abholte, zeigte ich plötzlich Allüren einer *Helikopter-Mama*. Das wollte ich auf gar keinen Fall sein.

Um der Entfaltung meiner Jungs nicht im Wege zu stehen und sie vor der Übernahme meiner eigenen Probleme zu schützen, riss ich mich, so oft ich konnte, am Riemen. Damals wusste ich noch nicht, wie ich gegen meine Sorgen und die Panik angehen konnte. Zum Glück bin ich heute schlauer.

Carpe diem, verdammt nochmal!

„Manchmal fühle ich mich so getrieben und werde fast panisch, weil ich so viele Dinge nicht tun oder lassen kann, die tief in mir schlummern. Diese vielen Kompromisse lähmen mich. Immer sind irgendwelche Verpflichtungen oder Zwänge da. Klar, ich habe meine eigenen Lebensentscheidungen gefällt, und pure Freiheit gibt es nicht und macht auch langfristig nicht unbedingt glücklich; jedoch ein bisschen mehr davon wäre einfach schön. Wenn wenigstens diese heftigen Diskussionen mit den Jungs wegen dem Handy-Konsum nicht wären. Das ist so dermaßen kraftraubend."
(Tagebuchauszug vom 8.12.2017)

Die guten Energien aus der Mutter-Kind-Auszeit samt bestens gemeinter Vorsätze waren längst aufgebraucht.

Ich war nun Mitte vierzig, und möglicherweise spielten in diesen Umstand auch diverse hormonelle Veränderungen mit hinein. Unser Familienalltag war randvoll mit Aktivitäten wie Fußballturniere, Musikauftritte, Elternbeiratsarbeit, Schulfeste, Gottesdienste, eigene Chorauftritte und Besuchsfahrten in meine alte Heimat, zu Familie und Freunden.

In der Schule unterrichtete ich lediglich vier Tage, die aber mit zusätzlichen Konferenzen, Besprechungen, Elterngesprächen, Extra-Ämtern, einem hohen Maß an Bürokratie und dem Verfassen von seitenlangen Gutachten extrem anstrengend und auslaugend waren. Meine Arbeit war zudem durch eine sich verändernde Schülerklientel geprägt: Vermehrt aggressives Verhalten, kognitiv schwächere Leistungen und der angepasste Umgang damit, standen nun im Fokus meines Alltags und dem meiner ebenfalls angestrengten Kollegenschaft.

Aufgrund sinkender Schülerzahlen und Personalveränderungen wurde ich schließlich in eine andere Klassenstufe versetzt, wo mir bei jeder neuen Verpflichtung mehr und mehr die Freude abhandenkam.

Nichts schien mehr mit dem zu tun haben, weshalb ich diesen Beruf gewählt hatte.

Oder war ich all dem im Laufe der Jahre überdrüssig geworden? Weil sich jedes Schuljahr Ähnliches wiederholte – nur unter verschärften äußeren Bedingungen? Wie sollte unter diesen Umständen weiterhin Kontinuität, Struktur und der dringend nötige Beziehungsaufbau mit der Schülerschaft funktionieren? Geschweige denn Projekte und Ausflüge als „Bonbons" stattfinden? Meine Gedanken kreisen immer mehr um die Unzufriedenheit in der Schule.

Auch in meiner Freizeit war ich ständig unterwegs und fühlte mich zunehmend gehetzt. Wenn ich daheim war, stressten mich die schnöden Haushaltstätigkeiten.

Als Pädagogin wollte ich auch eine gute Beraterin für die schulischen Belange meiner Jungs sein. Vokabeln abfragen fiel mir leicht – wenn die Anfrage nicht gerade am späten Vorabend einer Klassenarbeit kam und ich bereits im Feierabendmodus war. Für Mathematik war mein Mann zuständig, was mich jedoch als externe Zuhörerin regelmäßig um den Verstand brachte, weil Nachhilfelehrer und Schüler selten einer Meinung waren.

Zu schaffen machten mir auch die scheinbar sinnlosen Alltagsdiskussionen, teils über Bagatellen wie Arbeitsteilung, Mediennutzung oder den Kampf um Gerechtigkeit à la „Wer bekommt das größte Schnitzel?".

Mein ungesundes Alltagsrad begann sich immer und immer schneller zu drehen. Ich sehnte mich schmerzhaft nach Harmonie, nach mehr Pausen, Ruhe und vor allem nach einigen Stunden für mich selbst.

Von Tag zu Tag verhielt ich mich unausstehlicher, mäkelte sinnlos an meinem Mann und meinen Kindern herum. Obwohl ich gerne mit ihnen zusammen bin und wir einige Gemeinsamkeiten teilen, begann ich, an vielem zu zweifeln, sogar an meinem Dasein als Ehefrau.

Plötzlich fühlte sich mein komplettes Leben eng und unfrei an. Gleichzeitig meldete sich ein furchtbar schlechtes Gewissen: Ich empfand Schamgefühle, weil ich eigentlich all das hatte, was sich viele wünschen – ein eigenes Haus mit Garten, einen zuverlässigen und stabilen Ehemann, zwei Wunschkinder, ein ausreichend gutes Einkommen, Urlaube, Gesundheit. „Jammern auf hohem Niveau" also? Durfte ich überhaupt derart egoistisch denken?

Zeitgleich dehnte sich ein anderes Phänomen in mir aus: ein schier unstillbarer Lebenshunger. *Carpe Diem*, um jeden Preis. *Carpe Diem* ist eines meiner Lebensmottos, weil ich mich damals mit dem dazugehörenden Film *Der Club der toten Dichter* (Peter Weir, 1989) so sehr identifizieren konnte. Dass solch eine Lebensweisheit paradoxerweise auch gehörigen Druck ausüben kann, kam mir in jener Zeit immer häufiger ins Bewusstsein.

Auslöser meiner unbändigen Lebenssehnsucht waren vermehrte Todesanzeigen von Leuten, die im gleichen Alter wie ich waren. Das Buch *5 Dinge, die Sterbende am meisten bereuen* (Bronnie Ware, 2013) verschlang ich in kürzester Zeit. Es gehört seither zu meiner ganz persönlichen Bestsellerliste. Das Leben ist so kurz.

Im Frühjahr 2017 wurde ich ein weiteres Mal mit der Endlichkeit konfrontiert: Ein Chorkollege erkrankte schwer und starb einige Wochen nach seiner Frau.

In der Folgezeit versuchte ich, meine eigenen Strategien zum Umgang mit dem Tod zu entwickeln, was im Wesentlichen hieß, mich von meiner aufkommenden Traurigkeit abzulenken:

Unseren Familienurlaub verbrachten wir zum wiederholten Mal in Südfrankreich. Tatsächlich versetzte dieser mich in einen beinah vergessenen Zustand, der sich Erholung nennt. Wie das? Nun, das gelang, weil wir diesmal – erstens – in ein besonders geräumiges Mobilheim investierten, das – zweitens – direkt in erster Reihe am rauschenden Meer lag und ich – drittens – im Vorfeld klare Regeln aufgestellt hatte, wie: „Mama duldet keine Diskussionen wegen des Essens", „Alle räumen auf", „Die Mittagspause verbringen Kinder und Eltern in getrennten Räumen". Amen.

Welch glückliche Fügung, dass meine beiden Kerls schon die nötige Reife hatten, um diese Vorgaben einzuhalten – oder lag es daran, dass mein Mann und ich beim Medienkonsum im Urlaub die Zügel etwas gelockert hatten – ausnahmsweise, aus Selbstfürsorge? Ein weiterer Vorteil war, dass unsere Söhne mit ähnlich Fußballbegeisterten am Strand oder in dem multifunktionalen Sportkäfig des Campingplatzes abhängen konnten. Tatsächlich gelang es mir seit ewigen Zeiten wieder, ein ganzes Buch an einem Stück durchzulesen: *Die Hütte* von William Paul Young (2009) half mir bei der Bearbeitung meiner Traurigkeit, die während meinen Joggingrunden entlang des Meeres oder in der schaukelnden Hängematte immer wieder aufpoppte.

Nach unserer Rückkehr begann der Schuljahresendspurt. Dabei kam mir gelegen, dass ich mich mit meiner überraschenden Wahl zur Verbindungslehrerin in ein neues und interessantes Aufgabengebiet hatte stürzen können. Durch dieses Amt durfte ich nun – ganz offiziell – hilfesuchende Schülerinnen und Schüler beraten und SMV-Sitzungen während der Unterrichtszeit abhalten. Dazu gehörten auch einige Spaß-Aktionen, z. B. Kanufahrten, die ich begleiten durfte. Eine willkommene Abwechslung zum Abschluss des Schuljahres ...

Zu Beginn der Sommerferien verreiste ich mit meinem Mann über das Wochenende nach Wien, die Kinder bekamen unterdessen dankbare Gesellschaft von ihrer Oma, meiner Mutter, die uns diese Auszeit zu zweit mehr als gönnte. Ab und zu brauchten auch Papa, Mama und Kinder einmal Abstand voneinander, und Zeit zu zweit als Mann und Frau, redete ich mir ein.

Nur wenige Tage später zeigten wir unseren Söhnen Berlin von oben und brachten ihnen die historischen, touristischen und kulinarischen Highlights unserer Hauptstadt nahe. Zum ersten Mal ein Hotel – das von fremden Händen vorbereitete Frühstücksbuffet genoss ich besonders!

Ich verbrachte mit den Jungs unsere einmal jährliche Zeltnacht im Garten und wir fuhren so oft wie möglich zum Baggersee. Die Sommerferien zeigten sich von ihrer leichtesten Seite.

Eine unendliche Wohltat für meine angeknackste Seele!

STOLPERSTEINE – AUF DEM WEG

Vorzeichen

Ein alljährlicher Höhepunkt vollzog sich stets von Ende April bis Anfang Mai: Da standen innerhalb von drei Tagen zwei, eigentlich sogar drei Geburtstagsfeiern an. Die Jungs sind im Abstand von zwei Jahren und drei Tagen geboren. Vorteilhaft daran ist, dass sich die kilometerweit entfernte Verwandtschaft nur ein einziges Mal für mehrere Anlässe auf den Weg begeben muss, um ihre Enkel oder Patensöhne zu feiern.

Natürlich bemühte ich mich, die Festlichkeiten möglichst perfekt auszurichten, so dass mindestens drei Kuchen eigenhändig gebacken waren – obwohl meine Mutter auch immer einen mitbrachte – und das Haus picobello gepflegt erstrahlte. Schließlich wollte ich ja den Anschein erwecken, dass ich meine Hausfrau- und Mutterrolle locker und gekonnt ausüben könne.

Kaum war die Feier mit den Verwandten vorbei, folgten die beiden Kindergeburtstage: Diese setzten mich zwar sehr unter Stress, doch waren das für mich wichtige Gelegenheiten, um meinen Kindern und ihren Freunden unvergessliche Stunden bereiten zu können. Irrsinnigerweise setzte ich mich unter zusätzlichen Druck: Ich wollte den kleinen Gästen samt abholenden Muttis beweisen, dass ich äußerst kreativ und originell, in Bezug auf Schmutz und Lärm, leidensfähig und überaus fleißig sein konnte. Hier meldete sich also mein Heischen nach Lob und Anerkennung wieder.

Schon Wochen zuvor fertigte ich Pläne und Listen an und legte fest, in welcher Form sich das diesjährige Motto sowohl in der Deko, beim Essen als auch bei den Spielen wiederfinden könnte. Als legendär gilt bis heute eine „Piratenparty", bei der mein Mann nicht nur – wie sonst üblich – als Fußballer fungierte, sondern sich sogar in der Rolle des „Oberpiraten" präsentierte, der eine Belohnung in Form von Süßigkeiten verteilen durfte. Meine Mutter führte bei der Schatzsuche eine Horde von Kindern an einem Seil durch die umliegende Siedlung, um das ersehnte „magische Schwert" letztlich doch in unserem eigenen Garten, im Gemüsebeet, zu finden. Niemand beklagte sich.

Fest steht: Nach den drei Feiertagen war ich gleichzeitig erschöpft und glücklich darüber, dass wir wieder ein würdiges und unvergessliches „Event" bereitet hatten. Als ich spätabends bei einem Aperol auf der Terrasse den Tag rekapitulierte, meldete sich eine leise Stimme: Hätte vielleicht weniger Aufwand auch völlig ausgereicht?

Bis zum nächsten größeren Fest würde die Stimme wieder verstummen. Doch spätestens in der Nacht nach dem Heiligen Abend, wenn die Großeltern gegangen, die Küchen- und Geschenkpapierschlacht geschlagen und die erhitzten Kinder mit ihren neuen Lego-Bausätzen im Zimmer verschwunden wären, würde sie sich wieder zu Wort melden. Garantiert.

An dieser Stelle drängen sich mir Fragen auf: Warum habe ich nicht früher erkannt, dass dieser Stress, dieses perfektionistische Gehabe mir langfristig nicht guttut? Warum setzte ich mich jedes Jahr an Weihnachten und bei anderen Feierlichkeiten so sehr unter Druck? Wäre das nicht anders gegangen?

Nun, ich weiß, dass meine Psyche in jenem Jahr, aus dem der obige Bericht stammt, schon belastet war. Es zeigten sich bereits Vorzeichen für das Folgejahr, in welchem sich meine seelische und körperliche Verfassung mehr und mehr verschlechterte.

In meiner Prüfung zur Heilpraktikerin für Psychotherapie, also fünf Jahre später, habe ich gelernt, dass viele verschiedene Ursachen und Gegebenheiten dazu führen können, in eine psychische Krise zu rutschen.

Neben genetischen Faktoren spielen ungünstige Erfahrungen in der Kindheit oder Jugend, das soziale Netzwerk, tief verankerte Werte und ungesunde Annahmen, perfektionistische und leistungsorientierte Vorbilder sowie eine grundsätzlich mehr oder weniger resiliente oder labile Grundverfassung eine Rolle. Daraus ergibt sich eine sogenannte „Vulnerabilität", also eine Verletzlichkeit und Anfälligkeit für Erkrankungen der Seele.

Diese kann ein Leben lang bestehen und vor sich hinschlummern, ohne dass schwerwiegende Symptome oder ein Leidensdruck mit eingeschränkter Leistungsfähigkeit im Alltag zu Tage treten. Der eine oder andere klagt vielleicht hin und wieder über Schulter- und Nackenschmerzen, scheinbar stressbedingte Magenverstimmungen oder vorübergehende innere Gereiztheit.

Was muss also passieren, damit sich diese Vulnerabilität zu einer handfesten psychischen Erkrankung entwickelt?

Die einfache Formel lautet:

Vulnerabilität plus Stress = psychische Symptome

Das gilt, wenn eine psychische Störung erstmals auftritt und auch, wenn diese bereits aus früheren Episoden bekannt ist. Dies kann ich aus eigener Erfahrung bestätigen.

Meine Vulnerabilität war definitiv gegeben, durch
- epigenetisches Erbe meiner Vorfahren (Traumata und Fluchterfahrung),
- Fälle von Angst- und Panikstörungen bei Verwandten,
- meinen hausgemachten Berg an ungünstigen Erfahrungen, negativen Glaubenssätzen und Minderwertigkeitskomplexen,
- meinem unbedingten Bedürfnis nach Anerkennung, Konfliktfreiheit und Harmonie,
- und nicht zuletzt durch meinen Hang zum Perfektionismus, Leistungs- und Anpassungsdruck.

Was also fehlte noch bis zum Ausbruch meiner ersten Panikattacke, die mir das schleichende Burnout und meine Psychokrise mit einem Schlag vergegenwärtigte?

Das Leben ist eine Bergwanderung mit Serpentinen, die sich mal nach unten und mal nach oben schlängeln. Ich spürte, dass ich mich gerade an einer Abzweigung befand, die bedrohlich nahe an einen Abgrund führte. Ich ahnte das irgendwie, doch die vielen Beschäftigungen meines Alltags sorgten weiter für Ablenkung und Verdrängung.

In den seltenen Pausen schaffte ich es immer weniger, mich zu erholen. Ich fühlte mich getrieben. Zunehmend machte sich ein Gefühl von Resignation breit. Wenn etwas danebenging, fand ich mich immer mehr in einer fremden und lähmenden Opferrolle vor, jammernd, streitsüchtig, weinend und antriebslos. Dazu kamen zynische Bemerkungen meinerseits und Klagen, weil meine Mitbewohner doch an meiner sichtbaren Verzweiflung bemerken müssten, dass ich mehr Unterstützung bräuchte.

„Warum sieht mich denn keiner?" Dieses Gefühl kam mir sehr vertraut vor. Manchmal fühlte ich mich wie ein Kind.

Später folgerte ich daraus, dass sich in diesen Momenten möglicherweise mein kindliches Ich gemeldet hatte, aus Sorge, zwischen all den „Großen" übersehen zu werden. Doch jetzt war ich erwachsen. Nicht die anderen, sondern ich selbst hatte mich „klein" und „schwach" gemacht.

Dann drängte sich wieder ein schlechtes Gewissen auf, weil ich doch meine Familie liebte und mir selbst auferlegt hatte, mein Bestes zu geben – und stark zu sein. Ich fühlte mich innerlich mehr und mehr zerrissen.

Dazu kam eine stetig zunehmende unbändige Wut, die ich weitestgehend in mir behielt, um die Situation nicht noch schlimmer und erbärmlicher zu machen. Immer häufiger flüchtete ich beim geringsten Anflug von Streitigkeiten aus dem Haus und ging vor Verwirrung und Verzweiflung heulend um den Block.

Gleichzeitig fühlte ich mich unverstanden und zog mich immer öfter in ein Schneckenhaus zurück. Darin fühlte ich mich unendlich einsam.

Hypochonder? – Begegnung mit der Endlichkeit

In meinem Leben hatte es schon mehrere Krisen gegeben. Bisher war ich immer wieder eigenständig aus ihnen herausgekommen. Jede kritische Lebensphase, wie z. B. eine Trennung, ein Trauerfall oder eine berufliche Extremsituation hatte mich wachsen lassen und mir neue Bewältigungsstrategien an die Hand gegeben. Doch 2017 schienen diese nicht mehr verlässlich zu funktionieren: Beim Joggen musste ich regelmäßig anhalten, weil Tränen der Wut und Verzweiflung nach oben pressten und mir den Atem raubten. Das Gedankenkarussell zwischen Ohnmacht und „eigentlich muss ich doch dankbar sein" und dieser tiefen Erschöpfung drehte sich unaufhörlich.

Fast jede Nacht wachte ich zwischen drei und vier Uhr auf, spürte ein unangenehmes Kribbeln in meinen Armen und extreme Unruhe in meinen Beinen. Besonders unangenehm war, dass mein Herz so stark klopfte und immer wieder ein bis zur Schmerzgrenze reichendes Ziehen produzierte. Das beunruhigte mich. Doch die Flut an Aufgaben überlagerte diese Furcht.

Irgendwann begann ich zwanghaft, mich selbst zu verurteilen: für Dinge, an die ich mal wieder nicht gedacht hatte, für Aufgaben, die ich plötzlich nicht mehr in gewohnter Energie erledigt bekam, für Wörter, die mir auf der Zunge lagen, die mir aber partout nicht mehr einfallen wollten. In der Schule stolperte ich zunehmend und unter dem Gekicher meiner Schüler über Tafel- oder Stuhlbeine, suchte zerstreut vor mich hinmurmelnd und kopfschüttelnd Schlüssel, Stifte oder Arbeitsblätter. Der Abstand von den Serpentinen zum Abgrund wurde schmäler …

Einmal überkam mich aus Frust über einen misslungenen Kuchen ein Heul-Anfall, der mir die Beine wegzog und mich auf den Boden unter meinen Schreibtisch sacken ließ. Ich weinte und schluchzte, wie ich es bisher nur aus Filmen mit hysterischen

Frauen kannte, die von einem katastrophenähnlichen Schicksalsschlag heimgesucht worden waren. Ich kannte mich selbst nicht mehr.

Das Schlimmste für mich aber war: Ich bekam zunehmend Angst. Und zwar alle möglichen Ängste, die ich teilweise von früher kannte, aber längst vergessen hatte. Meine größte Angst war, krank zu werden, krank zu sein, krank zu sterben, nicht mehr für meine Kinder da sein zu können.

Erst viel später war ich in der Lage, hinter diese Ängste zu schauen, die Ursachen zu erforschen. Generell neige ich dazu, wissen zu wollen, woher etwas kommt, Ursachenforschung zu betreiben. Während meines Heilungsprozesses durfte ich lernen, dass es manchmal wenig hilfreich ist, Gegebenheiten bis ins Tiefste eruieren zu wollen, erst recht nicht, wenn ich mich in einer akuten Lebenskrise befinde. In dieser Situation bin ich nämlich gut beraten, auf meine Grundbedürfnisse wie ausreichend Schlaf, Nahrung und Bewegung zu achten, damit ich nicht „vor die Hunde" gehe (oder von einer neuen Panikattacke überfallen werde).

Da gilt es, mein Gedankenkarussell zu stoppen, denn am schnellsten und intensivsten dreht es sich nachts. In guten Zeiten konnte ich das schon einige Male positiv nutzen: Ein nächtlicher Anflug von Kreativität war in meinem Leben nicht selten die Geburt eines Herzensprojekts, eines nächsten bedeutsamen Lebensabschnittes oder brachte die ersehnte Lösung für ein lange in mir brodelndes Problem zutage.

Ungünstig wird es, wenn Gedankenkarusselle außer Kontrolle geraten, was sich in einer belastenden Situation leider zu Zwangsgedanken modifizieren kann. Eine zusätzliche Nebenwirkung dazu: akuter Schlafmangel. Die Folge am Tag: Übermüdung, Gestresstsein, vermehrte Sorgen und noch mehr Ängste.

Spätestens dann, wenn gegen Abend die Ablenkungen nachließen, kam in mir eine diffuse Angst vor dem Schlafengehen hoch. Dies steigerte sich mitunter zu einer regelrechten Panik, sobald ich mich ins Bett legen sollte: Meine Hände fingen an zu kribbeln, mein Herzschlag beschleunigte sich, in meinem Kopf begannen sich Bilder oder Sätze buchstäblich ineinander zu verdrehen, so dass ich plötzlich total gestresst und zum Denken nicht mehr fähig war. Das löste mitunter noch mehr Panik aus, weil mein Körper müde war, aber mein Geist glockenhellwach und ich fürchtete, die anstehenden Tagesaufgaben oder Termine nicht klar genug wahrnehmen zu können. Irgendwann besorgte ich mir auf Empfehlung einer Bekannten ein rezeptfreies Lavendelpräparat, das von da an für mehrere Monate seinen festen Platz in meiner Nachttischschublade bezog.

Doch zurück zu meiner Angst vor einer schwerwiegenden Erkrankung: Woher kam sie? Bis zu jener Zeit drängten sich mir immer wieder diffuse Bilder von einer Bekannten aus meinem Heimatort auf. Im Alter von neunzehn Jahren war sie nach einer verschleppten Grippe in Folge einer Herzmuskelentzündung verstorben. Vierzehn Tage vor ihrem Tod hatte ich sie bei einer Feier gesehen. Aus ihren Augen sprach der nahende Tod – sie selbst wusste es bereits. Wir alle wussten es. Seither frage ich mich immer wieder, wie unerträglich es sein muss, zu erfahren, dass man nur noch wenige Wochen zu leben hat.

Krankheit und Tod hatten in meinem Leben bis dahin kaum eine Rolle gespielt. Alle meine Großmütter und Großväter waren in den Jahren zwischen 1987 und 1991 nach längerer Krankheit verstorben. Da meine Mutter und meine Tante bei ihren ortsansässigen Eltern in die Pflege eingebunden waren, kam das Sterben in einem natürlichen Prozess, der mich erst bekümmerte, als in unserem Wohnzimmer plötzlich ein Krankenbett stand. Mein lebenslustiger Opa folgte meiner Oma nur ein gutes Jahr später. Die getrübte Stimmung in unserem Haus war präsent, doch erträglich. So etwas prägt.

Ich erinnere mich nicht mehr, wie viel Raum Trauer und Traurigkeit damals in unserer Familie hatten. Ja, es gab Tränen und dieses beklemmende Gefühl, als die Totengräber den schweren Sarg ins Grab wuchteten und ich mich hinter meinen Geschwistern einreihte, um ein letztes Röschen mit auf die Reise zu geben. Bei der Beerdigung meiner Großmutter väterlicherseits war ich trotz des Verlusts in der Lage, die Zeremonie an der Seite meines Onkels mit der Querflöte zu begleiten – als „letzte Ehre" an meine Oma, die eine begnadete und äußerst disziplinierte Musikerin war und jahrzehntelang die Kirchenorgel in ihrem Ort gespielt hatte. Die spätere Beerdigung meiner jungen Bekannten war jedoch anders: Ihr Tod passte nicht in meine bisherige Vorstellung von der Vergänglichkeit eines Menschen, irgendwann, nach einem langen Leben.

Als Erwachsene vermisste ich vor allem meinen Opa mütterlicherseits, zu dem ich einen innigen Kontakt gepflegt hatte, so gut uns das eben in der kurzen gemeinsamen Lebenszeit vergönnt war. Wie gerne würde ich mich heute mit ihm unterhalten, ihn fragen, woher er immer wieder die Kraft fand, aufzustehen und neu anzufangen.

Mein Opa war ein beeindruckender Mann gewesen, der trotz seines kriegsbedingten Zitterns zwei Häuser baute, mit fünfzig Jahren seinen Führerschein machte, meine gesundheitlich angeschlagene Oma bekochte und sie bis zuletzt pflegte. Eine große Liebe musste das gewesen sein, zwischen dem ehemaligen Soldaten, der seinen Kriegseinsatz in Russland überlebt hatte, und seiner Frau, die mit acht Jahren zur Vollwaise geworden war.

Eine lebenslange Fürsorge, zusätzlich gebeutelt durch den Säuglingstod ihres Erstgeborenen. Die beiden nachfolgenden Töchter – zuerst meine Mutter, dann meine Tante – profitierten lebenslang von dieser Liebe, die selbst für mich als jüngstes Enkelkind immer wieder spürbar war. Und die übermäßige Sorge vor dem Verlust eines weiteren Kindes ebenso.

Erstaunlich fand ich das anlässlich ihrer Biographie nicht. Sie gehörten zu den sogenannten „Vertriebenen", die im Jahre 1944 mit einem Güterzug aus dem Sudetenland (heute Tschechien) nach West-Deutschland gezwungen wurden, nachdem sie den Eindringlingen ihr Haus geopfert und anschließend einen mehrtägigen kräftezehrenden Fußmarsch hinter sich gebracht hatten.

Kriegsgeschichten fanden meistens an den Sonntagnachmittagen im Haus meiner Großeltern ihr Ventil, während ich als Kind unter dem Tisch lag, wenige Wortfetzen aufschnappte und noch viel weniger davon verstand. Heute verschmelzen die Bilder aus diesen Erzählungen in meinem Kopf mit den Eindrücken unzähliger Kriegsfilme.

Das spätere Ableben meiner Großeltern kam also erwartet und war für mich besser zu verstehen als der Tod meiner jungen Bekannten. Doch in allen Fällen war die Ursache eine tödliche Erkrankung gewesen.

Meine Angst, ebenfalls viel zu früh an einer schlimmen Krankheit zu sterben, nahm in meinem Inneren immer mehr Raum ein. War ich nun eine Hypochonderin?

Diese omnipräsente Sorge vor einer lebensbedrohlichen Krankheit gehört zu den sog. „somatoformen Störungen" und ist sehr häufig eine Begleiterkrankung bei einer Angst- und Panikstörung. Mein Verhalten schien wie aus dem Lehrbuch zu kommen: Ich spürte zwanghaft in meinen Körper hinein, sobald ein scheinbar abnormales Körpergefühl (z. B. ein schmerzhaftes Ziehen, Herzrasen o. Ä.) auftrat. Die Symptome erforschte ich umgehend im Internet und glich sie mit den Merkmalen einer schwerwiegenden Erkrankung ab. Fast immer wurde ich fündig, was meine Befürchtungen verstärkte und mich immer wieder zu meinem Hausarzt drängte. Aus übermäßiger Sorge vor einem möglichen Herzinfarkt, vor einem Schlaganfall oder einer Tumorerkrankung wurden bei mir mehrere EKGs gesteckt und bildgebende Verfahren durchgeführt – ohne jeglichen organischen Befund.

Doch die Unsicherheit blieb bestehen. Daraus entstand ein unsäglicher Kreislauf aus Sorge, vorübergehender Entwarnung und erneuter Sorge. Mein „Doctor-Hobbing" war ein weiteres typisches Symptom. Ein sehr belastender Zustand. In meinem Fall war das eine logische Konsequenz aus meiner sich verschlechternden emotionalen und psychischen Verfassung. Leider sollte das nicht die einzige Konsequenz bleiben.

Wieviel kann ein Herz ertragen?

Im September 2017 starteten wir wieder in ein neues Schuljahr, mein jüngster Sohn in die weiterführende Schule und ich voller Zuversicht in die erste Gesamtlehrerkonferenz. Wie jedes Jahr brachte die Flut an Informationen meinen Kopf zum Glühen, so dass ich bereits am letzten Tag der Sommerferien wieder völlig ausgelaugt in mein Auto stieg. Nach dieser Mammutsitzung war von Motivation nichts mehr spürbar: ich hatte erfahren, dass ich – wieder einmal – an zwei verschiedenen Schulstandorten unterrichten müsse, was einen erheblichen Zusatzaufwand an Zeit und Nerven bedeuten würde. Dennoch: Die Würfel waren gefallen.

Ich kürze ab: In den Folgewochen versuchte ich tagsüber, meinen pubertierenden Ältesten wieder von der Notwendigkeit des Lernens zu überzeugen und meinem Jüngsten als Plattform für seinen aufgestauten Frust über den Schulwechsel zu dienen: „Ja, Kind, aller Anfang ist schwer."

Meine eigenen Unterrichtsvorbereitungen erstreckten sich nicht selten bis nach Mitternacht. Gleichzeitig flatterten bereits die ersten Aufträge für die extern zu begutachtenden Kinder ein – Was? So früh war das ja noch nie! Und: „Ach übrigens: Das Schulamt hat ein neues sechsseitiges Gutachtenformular herausgebracht." Auch das noch: schon wieder in eine Neuerung einarbeiten.

Die ersten kranken Kollegen … ergo: entweder Zusatzvorbereitung, irgendein Film oder „Türschwellendidaktik".

Mein Berufsalltag hatte mich wieder voll in seinen Fängen. Mir schien, als kämpfte ich gegen Windmühlen. Ich sehnte mich so sehr danach, abends endlich mal wieder richtig abzuschalten und nichts mehr tun zu müssen. Wie toll müsste das sein, nach getaner Arbeit die Tür hinter sich schließen und den Feierabend einläuten zu können?

Die nächtlichen Aufwachphasen häuften sich. Kurz nach Mitternacht weckte mich mein Unterbewusstsein und hielt mich manchmal bis kurz vor dem Weckerklingeln in seinen Klauen. Ich durchlebte irritierende Träume von knapp verpassten Zügen und abstürzenden Flugzeugen und von einem Schiff, das meine Familie mitnimmt – und mich zurücklässt.

Weitere Nebenwirkungen waren: Übermüdung, Kopfschmerzen, Schusseligkeit, Dünnhäutigkeit, gereizte Stimmung und letztlich ein glimpflich verlaufender Fahrradsturz.

Die Hüfte meiner Mutter machte plötzlich nicht mehr mit – „Was ist, wenn sie jetzt körperlich abbaut? Wie soll ich die nötige Unterstützung zeitlich stemmen?" Meine Gedanken hetzten zwischen Zukunftssorgen und Schuldgefühlen hin und her. Ich fühlte mich schrecklich. Maßlos überfordert. Ich schlief und aß zu wenig.

Im Silvestergottesdienst gab unser beliebter Pfarrer bekannt, dass er im Laufe des Folgejahres die Gemeinde verlassen würde. Spontan kamen mir die Tränen. Ich war voller Bestürzung!

Mein sicher geglaubtes Fundament begann merklich zu wackeln ...

In den Weihnachtsferien zwang mich eine Erkältung zur Ruhe. Ich bewundere immer wieder die Klugheit unseres Körpers.

Anfang Januar 2018 stieg ich wieder – halbwegs genesen – in mein Alltagskarussell ein. Um mir ein wenig Abstand von meinen häuslichen Verpflichtungen zu verschaffen, buchte ich einige Fortbildungen – am Wochenende, da ich meine Kollegen weder mit zusätzlichem Vertretungsunterricht belasten noch verärgern wollte. Lieber hätte ich ein Wellnesswochenende oder eine Wanderung auf dem Jakobsweg gebucht, doch wie hätte ich das vor meinen Männern rechtfertigen sollen? Nein, eine Fortbildung erschien mir angemessen und auch für meinen Nachwuchs verstehbar. Dennoch plagte mich bei der Verabschiedung mein schlechtes Gewissen. Obwohl die Fortbildungstage übervoll mit Input waren, kam ich zwar müde, doch meist gut gelaunt, am Sonntagabend nach Hause. Diese ständige Zerrissenheit. Und was waren da noch für andere komische Gefühle? Ich konnte sie nicht einordnen.

Unser Körper ist klug. Schmerzen und Gefühle, auch wenn sie nur schwach oder diffus sind, haben immer eine Bedeutung. Manchmal dauert es sehr lange, bis wir sie wahrnehmen. Sie können ein Wegweiser für eine sich anbahnende notwendige Richtungsänderung sein. Oder ein Stoppzeichen. Oder eine Schranke. Wenn wir den Wegweiser ignorieren, passiert meistens nichts. Zunächst. Bei einem Stoppzeichen kann es schon brenzlig werden. Wer allerdings eine Schranke durchbricht, droht abzustürzen. Mit Glück befindet sich dahinter eine weiche Kuhweide. Bei mir war es glücklicherweise die Kuhweide ...

Ich behaupte, dass ich Anfang 2018 bereits vor der Schranke zum Stehen gekommen war. Und nun wartete ich und wartete. Doch worauf? Bis sich meine Situation von außen verbessern würde? Bis ich das Geld für eine Weltreise gewinnen würde, um nicht mehr arbeiten zu müssen? Bis ich ein geniales Jobangebot außerhalb des Schulsystems erhalten würde? Darauf, dass meine Lieben daheim einsehen, dass sie mir mehr im Haushalt helfen müssten oder wir uns eine Putzhilfe leisten sollten?

Doch der Plan des Universums war ein anderer:

Mein Jüngster hatte einen guten Kumpel, mit dem er seit Kindergartenbeginn dieselbe Gruppe und später die Schulklasse, die Fußballmannschaft und Kekse teilte und die gleichen Kindergeburtstage besuchte. Wir Eltern lernten uns dadurch unweigerlich ebenfalls näher kennen und verbrachten einige Stunden nebeneinander am Rande des Fußballplatzes, an Kuchenverkaufstheken oder im Publikum der Weihnachtsfeiern. Wir kannten uns. Mit der Zeit entwickelten sich Sympathien. Nicht mehr, aber auch nicht weniger. Wir tranken, lachten und schimpften zusammen.

Irgendwann drang durch den kleinstädtischen Straßenfunk, dass sich die Eltern des Kumpels scheiden lassen würden. Das war zunächst bedauerlich, doch heutzutage kam das eben vor. Ich hoffte, dass sie das im Sinne ihrer Kinder gut regeln würden.

Kurze Zeit später teilte mir die Mutter bei einem Kaffeebesuch mit, dass sie in letzter Zeit so komisch mit den Knien wegknicken würde. Ich dachte mir nichts dabei. Wochen später erreichte mich die Botschaft, sie sei erkrankt. Hinter vorgehaltener Hand erzählte man sich: „Es ist Krebs." Ich war voller Bestürzung.

Wieder Wochen später hörten wir: „Sie macht jetzt eine Chemo." Ich war besorgt, doch hoffnungsvoll. So bemühte ich mich, den Jungen und damit auch seine Mutter so gut ich konnte zu unterstützen: Ich schickte Fotos, wenn sie bei uns zuhause etwas Schelmisches machten, ließ die Kinder Muffins mit lustigen Gesichtern backen und schickte ihr noch mehr Fotos.

Später, als sie ihr Kopftuch wieder abgelegt hatte, besuchte sie mit mir eine Schnupperstunde im Eltern-Lehrer-Chor der Schule unserer Söhne. Gemeinsam sangen wir Armstrongs *What a wonderful world*. Und ich freute mich, sie lächeln zu sehen.

Im Frühjahr 2018 verstarb der Vater des Jungen völlig überraschend. Ich glaubte, meinen Ohren nicht zu trauen. Nein, nicht die Mutter, der Vater! Der Schock saß tief. Gleichzeitig war ich davon überzeugt: Jetzt muss Gott ein Einsehen haben. Jetzt würde die Mutter gesundwerden! Bestimmt. So viel Leid kann doch keinem Kind zugemutet werden! Leider hatte ich mich getäuscht.

Wieviel kann ein Herz ertragen? Diese Situation bohrte sich mir tief ins Mark. Die beiden Verstorbenen waren im selben Alter wie ich, hatten ähnliche Ansichten und Erziehungsstile.

Inmitten meines Schocks regte sich in mir plötzlich der Drang, unbedingt etwas tun zu wollen. Ich konnte meine eigene Ohnmacht nicht ertragen. Jetzt nur nicht zurückweichen, sondern aktiv bleiben, Zeichen setzen!

In meinem verwirrten Hirn breitete sich ein völlig absurdes Pflichtgefühl aus: „Vielleicht können wir ihn zu uns holen? Er hat sich in unserer Familie oft sichtbar wohlgefühlt. Es wäre bestimmt ein gutes Zuhause."

In Anbetracht der bereitstehenden Großeltern und weiterer Angehörigen schäme ich mich im Nachhinein für diese wahnhaft erscheinende Idee. Wie konnte ich so anmaßend sein? Gleichzeitig zeigte mir das, wie sehr ich mit dieser Extremsituation, mit dem kompletten Kontrollverlust, überfordert war.

Dennoch versuchte ich alles, um dem Jungen in irgendeiner Weise Normalität zu vermitteln. Deshalb nahm ich ihn und meinen Sohn Mitte Juli zu einem gemeinsamen Ausflug zum Badesee mit …

Die Stunde Null

In diesem Kapitel beschreibe ich das einschneidende Schlüsselerlebnis, eine Panikattacke, in der mir die Luft wegblieb. Das war quasi der Tiefpunkt meiner bisherigen Geschichte. Wenn du gerade selbst psychisch belastet bist, kannst du das Kapitel auch überspringen.

Sommer 2018:
Stahlblauer Himmel, die warme Julisonne zaubert wackelnde Glitzerflecken auf die Wasseroberfläche des Sees. Mütter mit einem Gesichtsausdruck aus Trägheit, halbherziger Motivation und geduldiger Sanftheit planschen mit ihren Kleinkindern in der kleinen Sandbucht am Einstieg zum See. Ich beobachte selbstvergessen das Gesicht einer Mutter, die mit ihrem kleinen Sohn einen Becher mit Wasser füllt, den sie wieder zurück in die Pfütze leert.

Gedanklich tauche ich weiter hinab: Wie lange ist es her, dass ich mit meinen beiden Jungs im Sand gespielt habe? Wann habe ich zuletzt ihre kleinen leichten Körper mit strahlenden Gesichtern und unter Juchzen durch das Wasser gezogen? Mich von ihrem Lachen anstecken lassen? Wann haben sie mir das letzte Mal dieses unvoreingenommene Vertrauen geschenkt, sich mir mit ihrem ganzen Körper und ihrer bezaubernden Seele anvertraut? Vor fünf oder sechs Jahren vielleicht?

Wehmut breitet sich in mir aus. Ein anschwellendes, schmerzhaftes Ziehen in meiner Herzregion vergegenwärtigt mir, dass ich damals auf Außenstehende ähnlich gewirkt haben könnte wie diese Mutter vor mir.

Dennoch, wie oft war ich gleichzeitig innerlich zerrissen vor gegensätzlichen Gefühlen? Einerseits war mein Herz erfüllt von großer Dankbarkeit und noch größerer Liebe. Ja, nicht jede Frau hat dieses Glück, derart tolle und gesunde Kinder geschenkt zu bekommen.

Und doch war ich manchmal gefangen in meinen belastenden Gefühlen und Gedanken, wenn die vergangenen Nächte nicht gereicht hatten, um in einen erholsamen Schlaf zu finden.

Ja, oft hatte ich tagsüber beim gemeinsamen Spiel mit einer großen Erschöpfung zu kämpfen. Und gleichzeitig war da auch diese tiefsitzende Sehnsucht, dass ich vor einer gefühlten Ewigkeit eine unabhängige, reiselustige Frau mit unzähligen Interessen und Wünschen gewesen war, die gerne Zeit mit sich alleine und mit Aktivitäten verbracht hatte, die ihre heutige Persönlichkeit geprägt haben, doch in den letzten Jahren komplett in den Hintergrund gedrängt wurden, werden mussten. Schließlich hatte ich aus einem tiefen Bedürfnis heraus aktiv entschieden, Mutter sein zu wollen.

An diesem Punkt meldet sich mein schlechtes Gewissen. Ein äußerst gewohntes Gefühl in letzter Zeit. Mit dieser Empfindung steige ich nun definitiv in mein Gedankenkarussell ein:

Wieder einmal erkenne ich, dass wir unsere Kinder nur einen kurzen Teil ihres Weges begleiten dürfen und wir in dieser Zeit diesen Lebensalltag mit Pflichtbewusstsein, Stolz und Demut erfüllen sollten. Ja, ich möchte diese Zeit mit meinem Nachwuchs als Geschenk ansehen und weiterhin mein Bestes als Mutter geben, diesen Job so gut wie möglich erledigen.

Da das Wasser langsam kühl wird, kreise ich mit meinen Armen und schwelge weiter: Ja, ich möchte so lange für sie da sein, wie es mir vergönnt ist. Am besten so lange, bis ich ihre eigenen Kinder oder gar Enkel auf meinem Schoß sitzen habe, um ihnen von den lausbübischen Anekdoten ihrer Väter zu erzählen. Ja, so soll es sein. So soll der Lauf des Lebens sein, Evolution in der richtigen Reihenfolge und mit der längst möglichen Dauer.

Plätschergeräusche holen mich zurück in die Gegenwart – zu meinem Bad im See: Vor meinem Gesichtsfeld taucht der elfjährige Junge auf. Wir haben ihn ja heute zum Badesee mitgenommen. Es ist der Kumpel meines jüngeren Sohnes. Eine verlässliche Kindergartenfreundschaft. Ein Fußballkollege. Ein Junge aus der Nachbarschaft. Ein Nachmittags-Zeitvertreiber mit schelmischem Gemüt. Aufgewachsen in der Geborgenheit und Sicherheit eines liebenden Umfelds. Er lacht mich an und spritzt eine Ladung Wasser in meine Richtung. „Dieser Gauner", denke ich liebevoll und mit der nötigen Distanz. Schließlich bin ich nicht seine Mutter.

Doch – jäh reißt mich ein Stich ins Herz zurück in die Realität. Urplötzlich überfallen mich dunkle Gedanken, und eine tiefe Traurigkeit lässt meine Mundwinkel fallen. Nein, nein, nicht! Ich darf nicht so ernst schauen, muss mich zusammenreißen, stark sein. Vor ihm, für ihn und auch für meine eigenen Söhne. Tapfer lache ich zurück und schiebe eine neue Ladung Wasser in seine Richtung.

Nur wenige Sekunden später bleibt mir mein Lachen im Hals stecken – buchstäblich. Erst beim Schreiben dieser Zeilen wird mir die metaphorische Bedeutsamkeit dieses Geschehens bewusst: Ja, mein Lachen bleibt mir im Hals stecken! Ich kann nicht mehr einatmen, ich kann nicht mehr ausatmen. Mein Atem stockt. Mein Hals ist verschlossen. Meine Augen weiten sich und sehen einen Jungen, verschwommen, der mir mit entgeistertem Blick und großen Augen entgegenstarrt.

Mein Versuch, ihm mit einem Lächeln einen beruhigenden Blick zu schenken, scheitert. Doch er lacht nicht mehr.

Unvermittelt suchen meine Füße Halt auf dem schlammigen Grund. Glücklicherweise spüre ich den Boden nach wenigen Schritten, eineinhalb Meter tief unter mir. Die folgenden Erlebnisse erschienen mir wie eine Ewigkeit, doch ereigneten sie sich innerhalb von längstens zehn Sekunden: Gedankenrasen: Wo ist mein Sohn? Ja, stimmt, glücklicherweise hält er sich am Ufer auf – seine Sicht auf mich durch Büsche geschützt. Keinesfalls darf er mich in diesem Zustand sehen. Niemand darf mich so sehen – mein Sohn nicht und erst recht nicht dieser Junge vor mir. Nicht noch eine weitere traumatische Situation in seinem Leben. Nein, auf gar keinen Fall darf er es sehen, sollte ich nie mehr zu meinem Atem zurückfinden und im Wasser zusammensacken.

Mein Kopf dreht sich hilfesuchend in Richtung der anderen Erwachsenen um, die noch im See verblieben sind. Ich sehe, wie sie mich erschreckt und hilflos anstarren.

Bruchstückhafte Erinnerungen aus dem Erste-Hilfe-Kurs kommen mir in den Sinn. Ob hier wohl jemand den Ehrlich-Griff beherrscht? Doch selbst wenn, die Trägheit des Wassers wird sie davon abhalten, ihn an mir anzuwenden.

An der Untätigkeit der Menschen erkenne ich vage, dass sie sich ebenfalls in einer Art Starre befinden. Im selben Sekundenbruchteil wird mir bewusst: Aus dieser augenblicklichen Situation wird mir kein einziger von ihnen heraushelfen. Niemand wird in der Lage dazu sein. Sie hoffen vielleicht, dass irgendjemand, dass etwas Unverhofftes, sie aus dieser unschönen Situation, aus dieser unfreiwilligen Zeugen-Haft, befreit.

Ich nehme meinen Körper nicht mehr wahr. Dieses Gefühl, wie in Watte gepackt zu sein. Die Gesichter der anderen erscheinen mir wie im Nebel. Mein Sichtfeld ist eingeschränkt. Die berüchtigte Zeitlupe. Fühlt es sich so ähnlich an, bevor man stirbt? Hat sie sich so ähnlich gefühlt, als sie sich ihrer Krankheit ergeben musste und gleichzeitig realisierte, dass sie nie mehr mit ihren Kindern baden gehen würde?

Mein Blick geht zurück zu dem Jungen. Nein, er darf auf gar keinen Fall Zeuge sein, wenn ich sterbe! Nicht er – auf gar keinen Fall!

Da mir offensichtlich niemand zur Hilfe eilt, erkenne ich mit einer seltenen Klarheit: Nur ich selbst kann mich retten. Für Panik ist es zu spät, denn dazu fehlt bereits die Luft. Sogar die Angst ist ruhig …

Und so bleibt mir nichts anderes übrig, als auf das zu vertrauen, wofür ich seit Kindertagen bete: „Lieber Gott, behüte und beschütze mich und bewahre mich und meine Liebsten vor schlimmen Schicksalsschlägen." Da ist der Glaube an eine höhere Macht. Etwas Unerklärliches treibt mich an: Mein Körper reagiert darauf in seiner vollen Weisheit.

Ich lasse los. Kontrollverlust pur. Ich scheine mir selbst von außen zuzuschauen.

Unvermittelt dreht sich mein Kopf weg, aus der Blicklinie des Jungen. Meine Beine setzen sich in Bewegung. In Richtung des Ufers. Meine rechte Hand hebt sich und beginnt auf die Stelle zwischen Kehlkopf und Lunge zu klopfen, mehrfach.

In diesem Moment ploppt in mir etwas auf, als wäre der Korken aus einer Flasche gezogen worden – ich bekomme Luft. Ja! Meine Beine schreiten weiter zum Ufer. Doch nun ist die Luft erneut weg. Verzweiflung kommt hoch.

Mein Kehlkopf hat sich wieder geschlossen. Mein schlauer Körper lässt meine Hand ein weiteres Mal auf die Stelle klopfen.

Und dann – ein kurzer tiefer Atemzug …

Das eben noch verschwommene Grün formiert sich zu Pflanzen, die Gesichter der Menschen am Badestrand wirken entspannter. Die Welt, die kurz zum Stillstand verbannt schien, beginnt sich wieder zu drehen.

Ich atme lange aus. Halte inne. Einundzwanzig, zweiundzwanzig … Fühle tief in meinen Oberkörper hinein.

Erleichtert stelle ich fest, dass sich meine Atemwege nach und nach mit dem rettenden Sauerstoff füllen. Lebendigkeit kehrt zurück. Und Sekundenbruchteile später auch mein Lächeln, als ich meinen Kopf zu dem Jungen zurückdrehe und mich sagen höre: „Alles gut! Nichts passiert!"

In den darauffolgenden Tagen fuhr ich in einer emotionalen Achterbahn aus Irritation, Erleichterung und dem Druck, in meinen Alltagsaufgaben funktionieren zu müssen, unbeschwert zu wirken und mit dem schlechten Gewissen, letzteres eben gerade nicht zu schaffen.

Nur wenige Tage nach diesem Vorfall verließ uns – auch das noch! – unser geliebter Kater Theo „über den Regenbogen". Acht Jahre lang hatte er bei uns gewohnt, meine Söhne waren mit ihm aufgewachsen, als Spielkamerad und Schmusefreund für die Kinder und als treuer Begleiter und Seelentröster für die Erwachsenen. Er starb in meinen Armen, als wir auf dem Weg zum Tierarzt waren. Mein Ältester begleitete mich. Noch heute bewundere ich seine Tapferkeit. Wir weinten bitterliche Tränen des Verlustes und setzten das geliebte Tier in einem mit Lavendel gefüllten Schachtelsarg in unserem Garten bei. Jedes Jahr blühen darauf die Tulpen.

Die Trauer über die Geschehnisse der vergangenen Wochen kehrte mit aller Wucht zurück. Bilder jener Beerdigungen, die ich in den letzten Jahren besuchen musste.

Das intensivste Gefühl jedoch war noch immer die Angst und gleichzeitig die Unsicherheit, was zu dieser Atemnot geführt haben könnte und – noch schlimmer –, ob mir das womöglich nochmals passieren könnte, allerdings mit einem gravierenden Ausgang.

Diesmal bin ich noch davongekommen. Weil ich Glück hatte? Weil ich einen wahren Schutzengel hatte? Weil mein Körper schlau genug war? Wie oft denke ich heute: Der menschliche Körper, mit all seinen Intuitionen, ist in Wahrheit ein einzigartiges, von Gott geschaffenes Wunderwerk!

In den Tagen nach dem Vorfall am See hatte sich meine Gefühlsachterbahn schleichend in ein quälendes Gedankenkarussell verwandelt. Mein hypochondrisches Ich mahnte: Waren das womöglich Symptome eines Schlaganfalls oder gar Zeichen für den Ausbruch einer tödlichen Erkrankung? Hat man bei einem Herzinfarkt nicht auch Atemnot? Muss ich demnächst sterben? Ebenfalls so früh sterben?

Der Gang zu meinem Hausarzt war ein erster kleiner Hoffnungsschimmer, meiner Ohnmacht und Unsicherheit zu entrinnen. Da er mich seit vielen Jahren kennt, weiß er um meine Neigung, etwaige Erkrankungen genauestens eruieren zu müssen. Deshalb war ihm sicherlich – schon bevor ich mich in den Stuhl ihm gegenübergesetzt hatte – bewusst, dass ich meine Körpersymptome längst ausgiebig im Internet erforscht und die schlimmsten Krankheiten zu diagnostizieren versucht hatte. Er wusste um die herausfordernde Aufgabe, mir eine möglichst exakte Erklärung für die Ursachen meines Vorfalls im See liefern zu müssen – kurz gesagt: Er kannte meinen Hang zur Hypochondrie und die Angst vor Kontrollverlust.

Die ersten Untersuchungen per Ausschlussverfahren sprachen glücklicherweise gegen meine Befürchtungen. So ging ich lediglich mit einer Überweisung zu einem Lungenfacharzt aus seiner Praxis hinaus. Die erste Gefahr gebannt, die Unsicherheit blieb.

Einige Tage später stand ich in einer engen Kunststoff-Kabine und pustete mehrmals wie ein dickes Walross in einen Plastikaufsatz. Das anschließende Gespräch mit dem Pneumologen bescheinigte mir zwei Dinge: erstens, mein Lungenvolumen sei wirklich hervorragend (möglicherweise aufgrund meines Querflötenspiels) und zweitens erwähnte er eine mir bisher gänzlich unbekannte Diagnose, namens *VCD – Vocal Chord Dysfunction –* auf Deutsch: „Stimmlippenkrampf", anzunehmende Ursache: Stress!

Ich spürte, noch während er die Worte aussprach, wie meine Schultern lockerließen. Gott sei Dank, eine Erklärung, die offensichtlich nichts mit einer tödlichen Erkrankung zu tun hatte – und zwar Schwarz-auf-Weiß auf ein Papier gedruckt!

„Stress – hah!" Ein Gefühl der Genugtuung überlagerte meine Erleichterung. „Da steht es! Ich brauche einfach mehr Unterstützung. Vielleicht darf ich jetzt endlich in eine Rehaklinik und Pause von all den Aufgaben und Verpflichtungen haben."

Und meine Familie sollte ab jetzt einfach dankbarer sein und nicht so viel streiten! Und sie müssten endlich erkennen, dass es Schlimmeres gibt, als eine zu lange offen gelassene Kühlschranktür oder ein Licht, das beim Verlassen eines Zimmers nicht sofort ausgemacht wurde. Und überhaupt wollte ich mich künftig nicht mehr halbkrank in die Schule schleppen, nur um die Kollegen zu schonen – schließlich hatte ich sie oft genug vertreten. Jetzt würden sie selbst sehen, wie das ist, wenn ich fehle. Meine Gedanken dachten mich immer weiter in Rage, aus Genugtuung wurde Wut.

Kein Zweifel mehr, die anderen, die Menschen meines persönlichen und beruflichen Umfelds waren schuld, dass mein Körper so reagiert hatte, dass er wie ein Stopp-Zeichen reagieren musste!

Auf dem Weg zur Tiefgarage sah ich mich vor meinem inneren Auge schon – aus einem Klinikaufenthalt zurück kommend – in die Arme meiner Liebsten stürzen und hörte meine Männer sagen: „Wie sind wir froh, dass du endlich wieder da bist. Ohne dich war es grauenvoll. Und wir hatten so viel zu tun! Jetzt wissen wir, was du tagaus, tagein alles für uns tust. Wir werden dir ab jetzt viel mehr helfen und immer ganz brav sein. Und, wir haben dich vermisst und überhaupt: Wir lieben dich!" Unter Tränen der Erleichterung und „dem Zauber eines Anfangs" würden wir gemeinsam nach Hause fahren.

Dass sich diese Annahme zum größten Teil als Trugschluss herausstellen und sich dieses rosige Bild nicht erfüllen würde, erfuhr ich erst viele Monate später. Und ich durfte erkennen, wie viel Anteil an dieser desaströsen Situation ich einer anderen Person zuzuschreiben hatte – mir selbst ...

Die Kunst der Verdrängung

Die meisten Menschen sind Verdrängungskünstler. Nur wenige Wochen nach dem Vorfall am See kehrte ich wieder in meinen Alltagsspagat zwischen Schule, Familie und Haushalt zurück. Die verbliebenen Wochen der Sommerferien versuchte ich so gut zu genießen, wie ich nur konnte. Ein Kurztrip mit meinem Mann, in ein Hotel mit herrlichem Blick über den Bodensee, viele Radtouren, sowie ein Familienurlaub in meinen geliebten Südtiroler Bergen, den Dolomiten, rückten die scheußliche Erfahrung in den Hintergrund. Obwohl ich in jenen Wochen immer wieder mit weiteren kleinen Anfällen von Atemnot – und noch mehr mit der Angst vor neuen Anfällen – zu kämpfen hatte, beruhigte sich die Lage in meinem Inneren langsam, und das Vertrauen in meinen Körper nahm wieder zu.

Ich erzählte mir weiterhin Sätze wie: „Okay, vielleicht war das doch eine Ausnahme, es war eben ein bisschen viel in letzter Zeit … Ich muss nur wieder mehr Struktur und Entspannungszeiten in meinen Alltag einbauen." Von der Theorie her kannte ich mich ja bestens aus, was mein übervolles Bücherregal belegte.

Mein Alltagskarussell hatte also wieder Fahrt aufgenommen: Die drei Stundenpläne – die meiner Söhne und mein eigener – ließen wenig Raum zum Verschnaufen, drei Elternabende standen an, Konferenzen, Supermarkteinkäufe, Arztbesuche mit anschließendem Trost-Eis, das tägliche Ringen um eine effektive Routine und Tagesstruktur. Auch Frustlaunen wollte ich auffangen. Dazwischen sollten „Mama-Inseln" vermeintlich emotional ausgleichend wirken: Montag Chor, Dienstag Treffen mit einer Freundin, Freitag kurz joggen gehen – endlich etwas Zeit für mich selbst!

Samstag Putzorgie, das Fußballspiel der Söhne, abends Film mit dem Ehemann, Sonntag Gottesdienst, Telefonat mit meiner Mutter, ein würdiges Sonntagsessen kochen, Familienzeit mit Spazierengehen und *Carcassone* spielen, lustige Filme schauen und möglichst oft dabei lachen. Das ging allerdings häufig nach hinten los, denn bei *König der Löwen* oder *Konferenz der Tiere* hatte ich Mühe, meine aufkommenden Tränen zu unterdrücken.

Es ist ja so gesund und wichtig, die gemeinsame Zeit so gut wie möglich zu nutzen, so oft wie möglich miteinander zu lachen, Vorbild für die Kinder zu sein, so wenig wie möglich zu streiten. Wer weiß, wie lange das überhaupt möglich ist? Wie lange uns eine gemeinsame Zeit vergönnt ist?

Ich hatte mir in den letzten Jahren mein ganz eigenes „Work-Life-Balance-Paket" geschnürt, das mir nun langsam, aber sicher um die Ohren zu fliegen drohte. Sogar die mir selbst auferlegten Auszeiten zum Luftholen gerieten immer mehr zu einer Farce: Seit Jahrzehnten hatte mir meine Laufrunde erfolgreich als Stresslöser gedient. Immer wieder behauptete ich selbstgefällig: „Joggen ist meine Art von Meditation."

Und nun? Ausgerechnet beim Laufen hämmerten die Gedanken, mitten in der Natur, am deutlichsten auf mich ein. Immer häufiger musste ich meine Runde unterbrechen, weil mir plötzlich die Luft wegzubleiben drohte.

Als beinah einzige Entlastungsmethode stand mir das montägliche Singen zur Verfügung – durchgängig von damals bis heute. Dort bekam ich keine Atemnot.

Allerdings passierte es mir immer häufiger, dass mich selbst Texte von Liedern, die schon jahrelang zu unserem Chor-Repertoire gehörten, plötzlich zum Weinen brachten. Da ich damals glücklicherweise von wundervollen Frauen umgeben war (und heute auch noch bin), durfte ich mich trotz des aufkommenden Schamgefühls angenommen und sicher fühlen.

Der einzige Nachteil – oder Vorteil – empathischer Freundinnen: Ich konnte mich nicht hinter einer fröhlichen Fassade verstecken. Sie sehen, spüren und wissen binnen Sekunden – unmittelbar beim ersten Eintreten durch die Tür-, wenn es einer anderen nicht gut geht. Ihre Umarmungen oder die kurzen Berührungen ihrer Hände auf meinen Schultern, das kann so wohltuend und Trost spendend sein.

Und dennoch gibt es daran einen Haken: Sie konfrontieren mich dabei mit konkreten Fragen. Und mit lieb gemeinten Hilfsangeboten und anschließenden Fürsorgeanrufen per Telefon.

In einer Phase, in der ich selbst noch nicht so richtig wusste, was in oder mit mir gerade passierte, konnte das mitunter unbequem sein, zumal ich diese lieben Menschen nicht vor den Kopf stoßen wollte. Wohltat mutierte in diesem Moment zu innerem Druck.

Also führte selbst die Chorprobe nicht mehr zu der notwendigen Entspannung. Ein Dilemma.

Mitte Oktober erwischte mich ein Infekt nach dem anderen. Normalerweise versuche ich vehement, auf Antibiotika zu verzichten, doch diesmal musste ich kapitulieren. Und selbst das schien nicht zu helfen. Ich hustete mir beinahe die Seele aus dem Leib. Gleichzeitig überkam mich dabei sofort wieder die Angst vor einem weiteren Anfall von Atemnot. Einmal passierte es tatsächlich vor den Augen der Klasse. Ich eilte ins Nebenzimmer und wartete ängstlich, bis ich wieder einsatzfähig war. Trotzdem ließ ich mich – ungeachtet der Vorsätze, die ich nach dem Besuch beim Pneumologen aufgestellt hatte – nicht krankschreiben, denn wer sollte sonst die Klasse für meine erkrankte Kollegin übernehmen?

Außerdem waren ja die Weihnachtsferien schon zum Greifen nah …

Der beste Kakao meines Lebens

So hangelte ich mich erneut von den Sommerferien über die Herbstferien zu den Weihnachtsferien. Diese Strategie schien bisher aufgegangen zu sein.

Doch konnte es so weitergehen? Die wiederkehrenden leisen Zweifel wischte ich erneut von mir.

Die Weihnachtsferien 2018 begannen mit den alljährlichen Weihnachtsroutinen. Die Anstrengung der Unterrichtsvorbereitungen ging schier nahtlos in die der Vorbereitungen auf den Heiligen Abend über. Da ich noch immer kränkelte, versuchte ich das Mindestmaß von dem hinzubekommen, was der Zufriedenheit der Kinder und gleichzeitig der Befriedigung meines eigenen Anspruchs dienlich war.

Mit Überraschung stellte ich fest, dass tatsächlich ein bis zwei Plätzchensorten weniger denselben gewünschten Anklang fanden und die Weihnachtskarten – entgegen meinem Prinzip – auch online bei den Menschen ankamen. Mein schlechtes Gewissen, das sich bei jeder handschriftlich per Post eintrudelnden Karte einstellte, rechtfertigte ich damit, dass ich immer noch mit meinem Infekt zu kämpfen hatte. Dann eben nächstes Jahr wieder.

Die Weihnachtsfeiertage folgten auch dieses Jahr wieder dem gewohnten Ablauf. Routiniert, erprobt und damit sicher. Die Traurigkeit darüber, dass sich bei mir weder kindliche Vorfreude noch echte Fröhlichkeit bei den Familientreffen einzustellen vermochte, registrierte ich nur vage. Die ersehnte Stille der Weihnachtszeit legte sich – für die anderen unmerklich – wie eine Nebeldecke weiter über mein Gemüt.

Ich liebe die Zeit „zwischen den Jahren". Eigentlich. Jedes Jahr spüre ich von neuem diese Magie und innere Ruhe. Dieses bewusste Loslassen und die Abwesenheit von äußeren Verpflichtungen versetzt mich grundsätzlich in einen Zustand zwischen

Euphorie und Kreativität. Aus dieser Zwischenzeit entstammen meine leidenschaftlichsten Kunstwerke, ein ganzes Drehbuch für einen Schülerfilm, sowie unzählige Projekte im Kopf und Pläne auf dem Papier, die meinen Alltag im neuen Jahr weiter optimieren sollten.

Obwohl ich erst zwei Jahre danach ganz bewusst von der astronomisch begründeten Besonderheit der Raunächte erfahren sollte, war mir diese Zeit schon immer grundsätzlich heilig gewesen. Diesmal fehlten mir jedoch die Motivation, der Antrieb, die gewohnte Power – für alles und nichts.

In meiner Schreibtischablage mit dem Kleber „Rückblicke und Ziele" lagern unzählige Relikte aus Jahrzehnten meines Lebens. Auch wenn ich in den letzten Jahren mehr und mehr dazu übergegangen bin, diese digital und nicht mehr mit meinem Lieblingsstift zu verschriftlichen, so gibt es für mich keinen Grund, dieses Silvesterritual ausfallen zu lassen. Es zwingt mich zum Innehalten und Reflektieren über den Status Quo meines Lebens. Zum ersten Mal gab es bei meiner Positiv-Negativ-Auflistung der Ereignisse des vergangenen Jahres mehr Punkte auf der Minus-Seite.

Doch im neuen Jahr würde alles sicher wieder viel besser sein! Und so ging ich mit einer vorsichtigen Zuversicht ins Jahr 2019.

Meine Einträge im Tagebuch sprachen Bände:
31.12.2018:
„Wie es mir geht? Ich wünschte, ich könnte sagen, dass ich wieder komplett die Alte bin, was die Gesundheit betrifft ... Seit heute sind die zehn Antibiotika-Tage vorbei, somit darf ich heute Abend auch mal wieder mit Alkohol anstoßen. Aber irgendwie fühle ich mich immer noch etwas matt."

4.1.2019:
„Es war auf jeden Fall ein guter Tag heute, obwohl ich immer noch huste und langsam echt glaube, dass ich das falsche Antibiotikum bekommen habe."

5.1.2019
„Ein bisschen Bammel vor Montag (Schule) habe ich schon ... Es geht halt immer von 0 auf 100. Ich gehe wahrscheinlich nächste Woche nochmal zu Dr. W. (mein HNO-Arzt) und lasse mich untersuchen und mir eventuell einen Abstrich machen. Ich will endlich ganz, ganz gesund sein."

7.1.2019, 4.34 Uhr
„Bin in der Notaufnahme vom Krankenhaus, bin um 1 Uhr schlagartig aufgewacht, mit Herzpieksen, Kribbeln in den Händen und einem Herzschlag wie ein Maschinengewehr und vor allem mit Angst!

Mittlerweile weiß ich, dass ich eine Hyperventilation bzw. Panikattacke hatte, Blutdruck 170, Kribbeln usw. Nun habe ich schneller als gedacht mein EKG bekommen, das ist zum Glück okay. Habe nun ein Beruhigungsmittel, ein Bett und eine Flasche Wasser bekommen und darf bis 6 Uhr hierbleiben, da ich ja noch nicht fahren kann. Bin auch noch verkabelt und unter Beobachtung. Puh ..."

Ja, nun war es passiert: Mein Körper hatte eindeutig genug von meinem ignoranten Verhalten. Dass mich eine Panikattacke direkt aus dem Schlaf ereilen könnte, hatte selbst mein ängstlichstes Ich nicht auf dem Radar. Derartige Symptome hatte ich zuvor noch nie:

Der hämmernde Herzschlag, die Angst vor einem Herzinfarkt, die Sorge vor dem Abschnüren der Luftwege, Enge in der Brust, Kribbeln in den Händen, nein, das war offensichtlich der letzte Verzweiflungsschrei meines Körpers. Den konnte ich in jener Januarnacht definitiv nicht überhören.

Mein Mann mahnte, mich erstmal zu beruhigen. Doch wie sollte ich das schaffen?

Erstmals wählte ich die 116 117 für mich selbst und nicht für meine Kinder. Mit jedem Tuten aus der Telefonleitung geriet ich mehr aus der Fassung. Auch nach mehreren Minuten war keine Stimme am anderen Ende zu hören.

Warum in dieser Nacht kein „Notärztlicher Bereitschaftsdienst" bereit war, ist mir bis heute ein Rätsel.

Aus Angst vor einer weiteren Attacke, setzte ich mich – einigermaßen gefasst – gegen 1.30 Uhr ins Auto und fuhr ins zehn Kilometer entfernte nächste Krankenhaus. Die Versuche meines Mannes, mich zurückzuhalten, schlugen fehl. Außerdem musste ja jemand bei den schlafenden Kindern bleiben. Im Nachhinein erinnere ich mich nur noch an die mantramäßig nacheinander gereihten Vaterunser und an eine rote Ampel, vor der ich in meiner Hilflosigkeit ausgebremst wurde – welche Metapher!

Wer jemals mitten in der Nacht vor einer Klingel zur Notfallambulanz stand, kennt vielleicht dieses Gefühl der Unsicherheit und Scham und Gedanken wie: „Kann ich das jetzt echt bringen? Bin ich überhaupt ein Notfall? Was ist, wenn sie mich nicht ernst nehmen? Nehme ich jemandem den Platz weg, der es viel nötiger hat als ich? Eigentlich geht es mir ja wieder gut."

Dass sich diese Gedanken wenige Minuten später aufgelöst hatten, verdankte ich den diensthabenden Pflegepersonen in jener Nacht. Ja, ich wurde tatsächlich ernst genommen. Neben mir stehend beantwortete ich gehorsam den routiniert abgehandelten Fragekatalog, studierte jeden einzelnen Gesichtsausdruck und vernahm Worte wie „Hyperventilation" und „EKG" und den Namen eines Präparats zur abrupten Beruhigung und „keine Sorge, nicht lebensbedrohlich".

Erst als ich alleine mit einem Piepston in einem abgedunkelten Überwachungsraum lag, spürte ich, wie sich meine Gedanken analog zu meinem langsamer werdenden Herzschlag beruhigten.

Nach einem Dämmerschlaf schreckte ich auf. Ich realisierte ein bisher ungekanntes Gefühl von Einsamkeit, obwohl meine Familienmitglieder und besten Freundinnen nur wenige Kilometer entfernt in ihren Betten lagen. Meine Unruhe nahm zu, als mir bewusst wurde, mit welchem Schrecken meine Kinder aufwachen würden, wenn sie erfuhren, dass ich im Krankenhaus bin. Es durchfuhr mich: „Ich muss unbedingt daheim sein, bevor sie aufstehen."

Ich drückte auf den Klingelknopf, mit schlechtem Gewissen, weil ich nun eine Pflegekraft von einer wichtigen Arbeit wegreißen würde. Heute schüttele ich den Kopf darüber, wie erbärmlich wenig wichtig ich mich zu jener Zeit genommen habe.

Nur wenige Minuten später öffnete sich die Schiebetür. Aus der Helligkeit des Ganges erschien eine noch hellere „Lichtgestalt". Ein Pfleger betrat beschwingt und mit fröhlicher Stimme meine Dunkelkammer und wandte sich mir mit einfachen Fragen zu: „Was kann ich Ihnen Gutes tun? Möchten Sie einen Kaffee oder einen Kakao?"

Überwältigt von so viel spontaner Fürsorge spürte ich eine kindliche Freude und Tränen aufkommen. Wann hatte ich ein solch selbstlos verlockendes Angebot zuletzt bekommen? In Erinnerung an mein aufgewühltes Herz der vergangenen Nacht bestellte ich mit unendlich erleichterter Stimme: „Einen Kakao bitte." Erstmals war ich wieder in der Lage, ein Lächeln zu erwidern. Eine wundervoll wohltuende Wärme breitete sich in mir aus. Ohne mich zu erinnern, ob der Automatenkakao mit Wasser oder Milchpulver angerührt war, erschien er mir als der beste Kakao meines Lebens.

Wer bin ich und wie viele?

7.1.2019, 15.56 Uhr:
„Ich bin gegen 5.30 Uhr von der Klinik zurück nach Hause gefahren, so dass die Kinder nichts von dieser nächtlichen Aktion mitbekommen haben. Als sie in der Schule waren, habe ich zum Glück erstmal schlafen können, und um 11 Uhr war ich dann bei Dr. N. Habe nun eine Krankmeldung für die ganze Woche, eine Hammer-Pille (für den Notfall) und etwas Beruhigendes (etwas Natürliches …) bekommen. Und natürlich jede Menge Worte und Ratschläge, über die ich erstmal nachdenken muss. Jetzt bin ich nur froh, dass mit dem Herz alles in Ordnung ist und es kein Herzinfarkt o. Ä. war, denn das war natürlich mein allererster Gedanke."

Die Folgetage nach meinem Kurzbesuch in der Notaufnahme waren gefüllt mit Telefonaten, Internetrecherchen und Arztbesuchen. Mein erster Akt am Morgen danach war der Anruf in meiner Schule, um mich bis auf Weiteres krank zu melden. Diesmal hatte ich kein schlechtes Gewissen, sondern ein beruhigendes Gefühl der Bestätigung.

Wie gewohnt reagierten unsere damalige Sekretärin und auch die Schulleiterin mit beispielloser Empathie und Mitgefühl. Ein Segen in solch einer prekären Situation. Der Klinikbericht hatte mir „Hyperventilation bei starker psychischer Belastung" bescheinigt. Mein Hausarzt verschrieb mir – endlich – eine mehrwöchige Auszeit, außerhalb meines gewohnten Umfelds, einzulösen an einer psychosomatischen Klinik. Jetzt war es also „offiziell".

Das kurzzeitige Entlastungsgefühl entpuppte sich zunächst als verräterisches Strohfeuer. Denn nun begann die berüchtigte Odyssee.

Jeder frisch verbeamteten Lehrkraft wird bei Dienstantritt nahegelegt, in eine Privatversicherung einzutreten. Gleichzeitig kommt sie (und ihre Kinder) in den anteiligen Genuss einer Kostenübernahme von Seiten der staatlichen Beihilfe. Dieser mehr oder weniger glückliche Umstand trifft auch auf mich zu.

An dieser Stelle spüre ich gleichzeitig meinen inneren Zwiespalt: Einerseits möchte ich im Sinne einer zwischenmenschlichen Gleichstellung keine bevorzugte Behandlung im Krankheitsfall à la „Zwei-Klassen-Gesellschaft". Und ich möchte auch keine nicht unbedingt notwendigen und kostenintensiven Zusatzmaßnahmen, deren gering normabweichenden – jedoch meist völlig unbedenklichen – Laborergebnisse für eine hypochondrisch veranlagte Frau wie mich eher eine Verunsicherung als eine Beruhigung darstellen. Andererseits ist die Tatsache, einen bevorzugten Termin bei einem Facharzt ergattern zu können, leider sehr verführerisch. Das erscheint schreiend ungerecht. Seit ich als Mama mit einem kleinen, von eitriger Mittelohrentzündung geplagten Baby, in der Vergangenheit durch ein vorzeitiges „Frau Schmitt, bitte" vom schrillen Geschrei weiterer kleiner Mitpatienten erlöst wurde, weiß ich diesen ungehörigen Vorteil durchaus zu schätzen. Den Nachteil, dass ich mich mit schamgerötetem Gesicht an den Füßen und Blicken der anderen wartenden Mütter vorbeischlängeln musste, nahm ich dabei ausnahmsweise in Kauf.

Wer jedoch glaubt, dass das Privileg einer Privatversicherung die zermürbende Suche nach einer passenden Klinik verhindert, der irrt. So reihte ich mich brav in schier endlose Warteschlangen mit nervenzerreißenden Melodien ein. Wer sich jemals in einer ähnlich belastenden Situation mit Erschöpfung, Einschlafproblemen, nächtlichen Aufwach- und Denkphasen, innerer Unruhe und extremen Konzentrationsschwierigkeiten befand, kennt die Belastung dieses Marathons an bürokratischen Aufgaben, der im Vorfeld einer stationären Klinikmaßnahme mitunter zu durchlaufen ist. Doch: In meinem Fall hatte er sich mehr als gelohnt. Ob das Prozedere bei einer gesetzlichen Krankenversicherung einfacher zu durchlaufen ist, kann ich nicht beurteilen. Fakt ist – ganz platt gesagt: Da musste ich durch!

Leichter gesagt als umgesetzt. Ich versuchte, meine Aufgaben dosiert abzuarbeiten, mir zwischendurch Pausen zu verordnen, das Essen mit den Kindern nicht zu vergessen, keinen Alkohol zu trinken und immer wieder tagsüber Schlaf nachzuholen. Das Gefühl der Überforderung war täglich präsent. Eine unangenehme innere Unruhe mit Händekribbeln, die Angst vor einer weiteren Panikattacke und ein immens schlechtes Gewissen, meine Familie für einige Wochen sich selbst zu überlassen, waren die Hauptsymptome. Vor allem mein Jüngster (damals zwölf) machte mir Kummer. Schließlich hatte er die beängstigende Tatsache, eine kranke Mutter zu haben, mit schlechtem Ausgang hautnah bei seinem Kumpel miterlebt.

Gleichzeitig schlich sich auf heimtückische Art ein neuer Gefühlszustand in mein Gehirn, eine immer weiter Raum einnehmende Angst: „Was ist, wenn es schlimmer wird? Was ist, wenn ich verrückt werde? Oder bin ich es etwa bereits? Psychisch krank? Vielleicht unheilbar?"

Meine Bedingungen für die Klinikmaßnahme kristallisierten sich klar heraus: so schnell wie möglich (v. a. wegen meinem Jüngsten), so lange wie nötig, so effektiv wie möglich, landschaftlich schön, viele therapeutische Gespräche (um mich wieder selbst zu erkennen), möglichst keine Gruppen.

Ab Mitte Januar standen die Eckdaten fest: Die Wahl fiel auf eine kleine Klinik im Norden Deutschlands, die mit modernsten psychotherapeutischen Verfahren und einer Vielfalt an alternativen Therapien aufwartete, und die auf ihrer Webseite „rasche Entlastung von aktuellem Leidensdruck wie etwa bei Burnout, Depressionen oder Angstzuständen" versprach. Am attraktivsten waren für mich die engmaschig angesetzten mehrmals wöchentlich stattfindenden Gesprächstherapien. Ich hatte keinen Bedarf an – aus meiner damaligen Sicht überflüssigen – Ablenkungen wie Bogenschießen oder dem seelischen Nacktmachen innerhalb einer Gruppe von ähnlich Belasteten. Mir war bewusst, dass hinter meinen Panikattacken und meiner Erschöpfung tiefliegende Ursachen saßen, die ich unbedingt endlich eruieren wollte – um jeden Preis. Dabei würden mich andere Leidensgeschichten sicher nur stören.

Da ich meinen Kindern versprochen hatte, nach drei Wochen wieder zu Hause zu sein, nahm ich einen Ort mit einer mehr als siebenstündigen Anreise in Kauf; wegen des „Blumenstraußes" an heilversprechenden Therapien, des verlockenden Zimmer- und Essensangebotes und nicht zuletzt aufgrund der Heide-Landschaft und der Nähe zum Meer. Drei Wochen müssten doch genug sein, oder?

Ich hatte die feste Absicht, mich ganz viel im Nein-Sagen zu üben und mich vor Horror-Geschichten anderer Klinikmitbewohner zu schützen. Allerdings wusste ich aus früheren Erfahrungen, dass mir dabei meine Empathie und Neugier in die Quere kommen könnte.

Wie gut, dass ich nun offiziell krankgeschrieben war. Naja, zumindest war es entlastend. Ich fragte mich oft, was die Kollegen sich jetzt über mich erzählen würden. Die meisten kannten mich unzählige Jahre, was mir zumindest die Sicherheit gab, dass sie mich nicht als faul oder Sozialschmarotzer einschätzen würden.

Doch ich wusste: In Schulkreisen kursierten bei längerer Absenz hinter vorgehaltener Hand Sätze wie: „Wenn jemand monatelang fehlt, dann ist es entweder etwas Schlimmes oder ein Burnout."

Ich gebe schamhaft zu: Auch ich hatte mir in der Vergangenheit Fehlurteile über Langzeitkranke erlaubt, z. B. Sprüche wie „man muss halt optimistisch bleiben und positiv denken, dann kriegt man sein Leben in Griff". Solch flaches Gerede ist für Betroffene wie ein Schlag ins Gesicht.

Den Begriff *Burnout* hielt ich lange Zeit für eine Modeerscheinung, um anderen und sich selbst zu beweisen, wie viel man arbeitet – im Gegensatz zu manch anderen. Bis es mich selbst erwischte.

Doch von meiner eigentlichen Diagnose wusste ich zu jenem Zeitpunkt noch nichts. Aussagen von langjährigen Kollegen wie z. B. „Was? Du? Das hätte ich nie gedacht!" verursachten in mir viel mehr Unbehagen als – falschen – Stolz.

Bin ich jetzt psychisch krank?

In diesem Kapitel möchte ich ein bisschen Aufklärungsarbeit leisten. Im psychotherapeutischen Setting fällt dies unter den Begriff *Psychoedukation*. In wenigen Worten erklärt: Sie dient dazu, Betroffene darüber aufzuklären, was ihre Diagnose auf dem Papier bedeutet, woher sie kommen kann und ob sie therapierbar ist. Das Wichtigste ist, dass ein betroffener Mensch erfährt, dass er nicht alleine damit und nicht verrückt oder anders ist, und sich deshalb weder schämen, noch sich isolieren oder sein bisheriges Leben aufgeben muss!

Ein wichtiger Fakt: *Burnout* ist keine Diagnose. In der aktuell neu bearbeiteten Version der *Internationalen statistischen Klassifikation der Krankheiten* (ICD-11) ist Burnout nach wie vor nicht als psychische Erkrankung eingestuft. Mein späterer Psychotherapeut klärte mich darüber auf, dass es im weitesten Sinne den Depressionen zuzuordnen ist. Innerhalb von Fachkreisen gilt es als eine Art „Erschöpfungszustand", als moderne Folge unseres Systems und unserer Leistungsgesellschaft. Ich wollte mich allerdings nie zufrieden mit der These geben, dass sich ein Burnout ausschließlich im beruflichen Bereich entwickeln könne. Aus meiner eigenen Erfahrung weiß ich, dass es durch ein Zusammenwirken von Belastungen aus mehreren Bereichen, also auch aus dem privaten und persönlichen, entstehen kann.

Dennoch kann ein Burnout mit unangenehmen bis extrem belastenden Symptomen einhergehen und bei Ignoranz zu einer schwerwiegenden psychischen Erkrankung führen. Das ist die Krux. Deshalb sind präventive Maßnahmen in wirtschaftlichen Betrieben, an Schulen, Krankenhäusern, u. a. so wichtig. Veranstaltungen oder Fortbildungen zum Thema *Achtsamkeit* werden zwar noch immer manchmal belächelt oder mit einem verächtlichen „Das brauche ich nicht" oder „Ich mache doch kein Seelen-Striptease" von der Hand gewischt. Doch seit der Pandemie ist die Gesellschaft zugänglicher für diese Themen.

Ein Unternehmen ist wirtschaftlich gesehen nur so gesund wie seine Mitarbeiter es sind, allen voran eine Führungsperson, die ihrem Team mit eigener reflektierter und reifer Selbstfürsorge als Vorbild zu dienen weiß. Im Kern geht es darum, die Arbeitsbelastung der individuellen Leistungsfähigkeit und der gesundheitlichen Verfassung jeder einzelnen Arbeitskraft anzupassen. Und nicht umgekehrt. Hier erinnere ich an die Formel „Vulnerabilität plus Stress", die präsent sein sollte, lange bevor erste Symptome wie Kopfschmerzen, Probleme mit Verspannungen oder der Bandscheibe oder erhöhte Infektanfälligkeit eines angeknacksten Immunsystems dazu kommen. Diese können sich zu handfesten körperlichen und seelischen Beschwerden wie tiefe Erschöpfung, depressive Verstimmung, Panik- oder Angstattacken, ein Gefühl von Hoffnungslosigkeit bis – in extremen Fällen – sogar hin zur Suizidalität auswachsen.

Erfreulicherweise fallen mir in jüngster Zeit mehr und mehr Angebote und betriebsinterne Fortbildungen renommierter Firmen und Branchen und sogar des Polizeiwesens ins Auge, z. B. MBSR-Kurse, Achtsames Malen, Teamtage in Kloster-Retreats o. Ä. Auch die pandemiebedingte Einführung von „Home-Office" und „4-Tage-Woche" trägt dazu bei.

Die Menschheit scheint also allmählich aus ihrer Horror-Serie aufzuwachen. Die Untertitel des Films könnten lauten: „Höher, schneller, weiter", „Sich bis zum Umfallen durch Arbeit beweisen müssen", „Niemals Schwäche zeigen", „Sich mit Maloche oder Konsumieren von unangenehmen Gefühlen ablenken". Für viele Menschen hat das alte Hamsterrad, in seinen maroden wackelnden Achsen, ausgedient.

Eine Erkrankung der Psyche ist ebenfalls eine Erkrankung, eine „Verletzung der Seele" eben, die weder direkt vom Orthopäden behandelt noch mit einer Schiene oder einem Verband für jeden von außen sichtbar gemacht werden kann.

Dass der Begriff Burnout heutzutage in aller Munde ist, hat den Vorteil, dass psychische Erkrankungen wie Depression oder Angststörungen ebenfalls mehr entstigmatisiert werden.

Laut der „Deutschen Gesellschaft für Psychiatrie und Psychotherapie, Psychosomatik und Nervenheilkunde" (DGPPN) zählen „psychische Erkrankungen in Deutschland zu den vier wichtigsten Ursachen für den Verlust gesunder Lebensjahre. Menschen mit psychischen Erkrankungen haben zudem im Vergleich zur Allgemeinbevölkerung eine um 10 Jahre verringerte Lebenserwartung."[3]

Kehren wir nach diesem Exkurs wieder zurück in die Zeit vor meiner Klinikmaßnahme, die weiterhin von einigem Auf und Ab geprägt war: Nach meiner einwöchigen Krankschreibung kosteten mich die Schultage bis zu meinem Klinikaufenthalt viel Überwindung und Kraft.

Zu den positiven Dingen gehörte eine Chorreise über das Wochenende, nach Salzburg. Wir hatten die große Chance, eine Messe im Salzburger Dom zu singen. Nicht nur das Eintauchen in die wundervolle Musik, sondern vor allem die Anwesenheit meiner lieben Chorfreundinnen, waren wie Aloe Vera für meine verwundete Seele.

An einem weiteren Wochenende fuhr ich an den Starnberger See zu einer von langer Hand geplanten Kloster-Auszeit, genauer gesagt zu einem Seminar zum Thema „Frauen in der Mitte des Lebens". Die dortige Ruhe und die wertvollen Impulse gaben mir Zuversicht und verkürzten die Wartezeit. Und sie sorgten für Ablenkung. Fast hätte mein Verdrängungsmechanismus wieder gegriffen.

Unter der Woche holten mich jedoch diverse Situationen immer wieder in die Realität zurück, nachzulesen in folgenden Tagebucheinträgen:

11.1.2019:
„Bin wieder seit 3 Uhr früh wach. Heute Mittag habe ich mich endlich getraut, in den Supermarkt zu gehen. Plötzlich hatte ich wieder

---

3 www.dw.com/de/mental-health-report-immer-mehr-menschen-psychisch-krank/a-68433961

dieses Pieksen in der Herzgegend, und dann wurde mir auch noch etwas übel. Sofort ging's wieder los ... Also bin ich schnurstracks mit allen Einkäufen zu Dr. N. (Hausarzt) gerast. Es war Freitagmittag und schon fast 12.30 Uhr. Doch die Tür stand noch offen. Oh, war ich froh! Der Doc war wieder sehr verständnisvoll und hat gleich nochmal EKG machen lassen ... alles okay – puh ..."

23.1.2019:
"Vergangene Nacht bin ich zuerst um 0 Uhr aufgewacht und dann wieder ab 4 Uhr. Und dann konnte ich gar nicht mehr einschlafen, weil sich meine Gedanken im Kreis gedreht haben. Ich fühle mich auch so unattraktiv: eine Frau mit Dauerschnupfen und wirren Gedanken ..."

26.1.2019:
"Ich hätte heute mit den Kollegen essen gehen können. Momentan wäre das bei mir aber vermutlich ‚Perlen vor die S...‛, weil mein Geruchs- und Geschmackssinn noch total eingeschränkt ist. Heute Morgen hatte ich nur 67,1 Kilo! Ein Traum – wenn ansonsten alles im Normbereich wäre ..."

5.2.2019:
"Ich habe gerade nach einer ewigen Warteschleife mit der PKV gesprochen, sie wollen die Klinik aktuell nur als Reha (Tagegeld) finanzieren. Ich bin so frustriert und habe jetzt einfach Schiss, dass es am Montag nicht klappt. Jetzt kriege ich nochmal einen Fragebogen für einen Facharzt zugeschickt – per Post – und das wird bis Montag total knapp. Ich muss morgen früh mit der Klinik klären, ob ich zunächst auch mit dem Reha-Bescheid kommen darf. Mist ..."

6.2.2019:
"Seit ich weiß, dass ich weg gehe, scheinen bei mir wieder einige Lebensgeister zurück zu kommen und so war ich heute Nachmittag wieder fleißig. Ich habe die Badschränke endlich ausgemistet, ebenso T-Shirts und Schuhe von mir. Das war richtig befreiend."

10.2.2019:
„Ich bin seit 4 Uhr wach und natürlich geht mir seitdem so vieles durch den Kopf ..., was ich jetzt definitiv mitnehmen soll, wie ich mich von den Kindern verabschiede und und und."

WILDE ZEITEN – DIE ZEIT IN DER „KÄSEGLOCKE"

Auf der anderen Seite

„Habe ich überhaupt das Recht, hier zu sein? Bin ich krank genug? Was habe ich denn jetzt eigentlich genau?"
(Tagebuchauszug vom 11.2.2019)

Ich lag auf dem breiten Bett und schaute mich in dem großen Raum um, an den ein modernes Bad angrenzte. Er war zweckmäßig und gemütlich eingerichtet. Da diese Wohneinheit im Erdgeschoss lag, hatte sie einen separaten Eingang, der direkt in den parkähnlichen Garten führte. Ich war positiv überrascht.

Nach der langen Anreise mit dem Zug und den völlig ungekannten Eindrücken dieses turbulenten Tages, spürte ich eine gewisse Müdigkeit aufkommen. Hoffentlich würde ich in diesem Bett gut schlafen können!

Automatisch startete der Film in meinem Kopf, mit dem ich den zurückliegenden Tag zu rekapitulieren versuchte:

Der lang befürchtete Abschied von den Jungs und von meinem Mann erschien mir von beiden Seiten weniger schlimm. Emotional aufwühlend war er jedenfalls. Die Ungewissheit, was nun kommen würde und vor allem, ob und wie es danach weitergehen würde, blieb unausgesprochen, doch lag sie wie ein schwerer Felsbrocken zwischen uns auf der Bahnsteigkante.

Die siebenstündige Zugfahrt blieb gedanklich im Nebel, ganz im Gegensatz zu der lässigen Taxifahrerin mit dunklem Teint, die mir begeistert von ihrem Motocross-Hobby erzählt hatte.

Als das Taxi im Halbdunkel vor einem friesischen Fachwerkbau mit reetgedecktem Dach zum Stehen kam, klopfte mir das

Herz bis zum Hals. Ich war überrascht und gleichzeitig durchzuckte mich ein Anflug von „Wow", als ich realisierte, dass die Klinik in unmittelbarer Nähe eines Sees lag. Der Wunsch mit der „schönen Landschaft" war also bereits in Erfüllung gegangen. Check!

Für unbehagliche Gefühle blieb keine Gelegenheit. Sofort wurde ich durch das bereitstehende Klinikpersonal wohlwollend mit meinem Namen willkommen geheißen. Man sage Du zueinander, es seien ganz verschiedene Alters- und Berufsgruppen hier und manche Patienten bis zu fünfzehn Wochen im Haus. Ich unterdrückte ein Schlucken ...

Eine Frau mittleren Alters stellte sich als meine „Patin" vor, zeigte mir die gemeinschaftlichen Essens- und Aufenthaltsbereiche und führte mich durch die Therapieräume. Das Ambiente glich einer Mischung aus hochwertigem Chic und gemütlichem nordischen Stil. Einige Räume – ehemalige Stallungen – wirkten aufgrund der braunen Holzvertäfelung und der Balken eher dunkel, aber keinesfalls ungemütlich oder gar deprimierend – im Gegenteil. Ich versuchte, mir die Blütenpracht der vielen Blumentröge vor den kleinen Sprossenfenstern vorzustellen, die jetzt im Februar eher kahl aussahen.

Beim Abendessen begegnete ich erstmals den Mitpatienten – im Gesamtpaket. Davor hatte ich am meisten Sorge gehabt. Zu tief verankert waren die befremdlichen Bilder des Films *Zeit des Erwachens* (Penny Marshall, 1990), der von apathisch vor sich hinwippenden und lallenden, unfrisierten Menschen in weißen Einheitshemden handelte. Im Nachhinein muss ich über meine eigene Vorstellung lachen. Als ich den Essensraum betrat, stand ich einer munteren Meute an Menschen gegenüber, in der angeregt gequatscht und sogar sehr viel gelacht wurde. Gelacht, ja! Ich stellte mich vorsichtig meinen Tischnachbarn vor und fühlte mich plötzlich wie ein schüchternes kleines Mädchen, das zum ersten Mal in eine neue Schulklasse eingeführt wurde.

Es gelang mir dennoch schnell, die anfängliche Zurückhaltung gemeinsam mit der Kartoffelsuppe und dem Heringssalat herunterzuschlucken. Das Essen schmeckte köstlich. Die Menschen um mich herum wirkten alle „normal" und überhaupt nicht krank. Was hatte ich eigentlich erwartet? Welches Bild hatte ich zuvor, wie Menschen mit einer akuten Depression oder in Angstzuständen auszusehen hätten? Schlagartig wurde mir bewusst, dass ich nun auch eine von ihnen war …

Nach dem Abendessen unternahm ich einen kurzen Spaziergang zum Seeufer. Anschließend musste ich bereits meinen ersten Pflichttermin wahrnehmen: das Eingangsgespräch bei der diensthabenden Ärztin – eine Psychiaterin. Gehorsam beantwortete ich ihre Fragen. Wie konfus musste ich auf sie gewirkt haben? Nun, sie kannte das sicherlich bereits zu Genüge. Zum Abschluss überreichte sie mir einen 25-seitigen Fragebogen, den ich bis zum nächsten Tag auszufüllen hätte. Die Frage, ob ich Medikamente zum Schlafen benötigen würde, verneinte ich. Ich wollte unbedingt versuchen, ohne Antidepressiva auszukommen, alles bewusst zu durchfühlen und so wahrhaftig wie möglich zu erleben. Ich hoffte, dass mich das für immer stark machen würde, unverwundbar bis in alle Ewigkeit, wie Siegfried in der Nibelungensage.

Dass die Gabe von Psychopharmaka im Rahmen einer psychischen Erkrankung für einige Menschen durchaus seine Berechtigung und für manche sogar lebenserhaltend sein kann, lernte ich erst vier Jahre später, bei meiner Überprüfung zum Erlangen der „Heilerlaubnis" im Gesundheitsamt.

Während des Gesprächs mit der Ärztin stieg Hitze in mir hoch, mein Hirn schien Achterbahn zu fahren und mein Kopf begann zu dröhnen. Das mir mittlerweile gut bekannte Gefühl der Überforderung machte sich wieder breit. Immerhin war es schon spät am Tag. Wie in Trance ließ ich dieses Interview über mich ergehen. Als ich aufstand, spürte ich Schwindel. Das erinnerte mich daran, dass ich an diesem ersten Tag in stationärer Therapie schon extrem viele Eindrücke zu verarbeiten hatte. Zum Glück war ich noch ausreichend orientiert, um zu meinem Zimmer zurückzufinden.

Als ich mich wenige Minuten später auf mein Bett warf, versuchte ich, all die aufgekommenen Fragen zu sortieren: Ich wusste immer noch nicht genau, welche Art von psychischer Erkrankung ich genau hatte. Und warum waren die anderen alle hier?

Urplötzlich fühlte ich mich verloren und blank. Ich war wie ein neutrales weißes Papier, das es nun neu zu beschriften galt.

Struktur tut gut

Am nächsten Morgen weckte mich mein Handy-Wecker. In weiser Voraussicht hatte ich erst um ein Uhr das Licht ausgemacht, so dass ich bis sieben Uhr durchschlafen konnte.

Ich fühlte mich erfrischt und in Anbetracht des nahenden Frühstücks fast wie im Urlaub. Mein Blick fiel auf den Wochenplan an der Wand, den ich gestern erhalten hatte. Im ersten Moment fühlte ich Beklemmungen, angesichts der Termindichte. Vor allem die vielen Gruppenveranstaltungen bereiteten mir unangenehmes Magengrummeln. Mist, was ich am meisten brauchte, war Zeit – und zwar für mich selbst! Zeit, um mich wieder aktiv daran erinnern und einüben zu können, was mir guttut: Spazieren, Joggen, Fotografieren und vieles mehr. Freie, unverplante Zeit. Das, was ich zuhause in meinem Alltag schon lange sehnsüchtig vermisst hatte.

Auf meine Nachfrage versicherte mir eine Therapeutin, dass ich zwischen fest einzuhaltenden Terminen (z. B. Einzel- oder Kerngruppen-Gespräche) und Angeboten, von denen ich mich abmelden könne, entscheiden dürfte. Diese Aussage stimmte mich milder und ermöglichte es mir, den Plan genauer zu inspizieren.

Ein festgelegter Tages- und Wochenablauf erfüllt besonders für Personen mit Depressionen eine wichtige Funktion. Obwohl es für sie extrem anstrengend und nervenaufreibend sein kann, einem festen Plan zu folgen, so sinnvoll und segensreich ist er auch: Die betroffenen Patienten sind gezwungen, einer Struktur zu folgen, anstatt mit ihrem Morgentief im Bett stecken zu bleiben. Das ist für ihren Alltag nach dem Klinikaufenthalt eine gute Übung.

Die Selbstwirksamkeit, das Wieder-selbst-ins-Tun-Kommen, soll damit angeregt werden. Langfristig gesehen ist das unerlässlich, um positive und Mut machende Erfahrungen zu sammeln. Dadurch lässt sich das angeknackste Selbstwertgefühl ankurbeln.

Halten wir fest: Struktur hat mehr Vorteile als Nachteile. Sie gibt Sicherheit und Kontrolle über den Alltag zurück und kann die Lebensfreude aus dem Dornröschenschlaf erwecken.

In fast freudiger Erwartung ließ ich mich auf meinen ersten Tag in der Gemeinschaft ein. Am Frühstückstisch lernte ich Mitpatienten kennen, die sehr offen über die Gründe ihrer Einweisung sprachen: depressive Episoden, teilweise schon jahrelang, Burnout, Schwindel, Zwänge, Essstörung u. a. Es ging sofort tief rein.

Komischerweise überraschte mich diese Ehrlichkeit nicht. Im Gegenteil, sie war überaus wohltuend. Es wurde hier sehr schnell sehr offen gesprochen. Das fiel mir sofort als gravierender Unterschied zu dem „Leben draußen" auf. Offensichtlich war von vornherein klar, dass jemand, der hier aufschlug, eine problembehaftete Geschichte mitbringen würde. Hier drinnen – in der „Luxusklapse", die wir auch liebevoll „Käseglocke" nannten, musste sich keiner verstecken oder befürchten, für seine vermeintlichen Schwachstellen abgelehnt oder ausgelacht zu werden. Was für ein Geschenk!

Mich packte Neugier, die keine Einbahnstraße blieb, denn auch meine Mitpatienten wollten von „der Neuen" wissen, weshalb sie hier sei – wo ich doch gar nicht den Anschein machen würde, krank zu sein. Offensichtlich schien ich an jenem Morgen eine erstaunlich positive Ausstrahlung zu haben.

Sofort packte mich wieder mein schlechtes Gewissen. Ich stellte mir besorgt all die dahinvegetierenden Personen vor, die seit Monaten vergeblich nach einem Therapieplatz suchten. Nahm ich ihnen den Platz weg?

„Panikattacken", war die erste kurze Zusammenfassung meiner Schwierigkeiten. Ich begann, von der Situation im See zu erzählen, von den darauffolgenden Problemen mit der Atemnot und den Ängsten vor der Angst. Meine Zuhörer lauschten aufmerksam und bekundeten mir glaubhaft ihr Mitgefühl. Während sie mich über die Eigenheiten der behandelnden Therapeuten- und Ärzteteams aufklärten, fühlte ich mich viel weniger „anders".

Offensichtlich hatte ich doch eine Berechtigung, hier sein zu dürfen. Ab jetzt war ich „eine von ihnen", auf ihrer Seite, auf der anderen Seite der normal Tickenden, die ihr Leben im Griff zu haben scheinen – zumindest auf den ersten Blick.

Als ich kurz danach – endlich – die Diagnose auf meinem Aufnahmebogen las, bestand definitiv kein Zweifel mehr: „Panikstörung (ICD-10: F41.0), rezidivierende depressive Episoden, gegenwärtig Exazerbation und mittelgradige Episode (ICD-10: F33.1). Psychischer Befund bei der Aufnahme: Die aktive und erfolgsgewohnte Lehrerin wirkte bei ihrer Ankunft ..." usw.

Wie konnte jemand, der ein einziges Gespräch mit mir geführt hatte, mich als aktiv und erfolgsgewohnt beschreiben? Überhaupt las sich der Bericht wie die unzähligen diagnostischen Gutachten von Kindern und Jugendlichen mit einer kognitiven oder körperlichen Einschränkung, die ich als Sonderpädagogin für das Schulamt verfassen musste. ICD-Ziffern waren mir also ein Begriff. Welche Ironie des Schicksals. Nun saß da ein anderer Fachmensch vor dem Rechner und musste sich wegen meiner vom Standard abweichenden Geschichte mit einem mehrseitigen Schriftstück herumquälen. Schon skurril und irgendwie beängstigend. Ja, da war sie wieder, meine Angst.

Etwas nervös besuchte ich meinen ersten Pflichttermin – Konzentrative Bewegungstherapie, kurz KBT[4] – in der Gruppe. Noch nie zuvor hatte ich davon gehört. Bei dieser körperorientierten psychotherapeutischen Methode sollen Erinnerungen ins Bewusstsein gerufen werden, die sich oft auch körperlich, in der Bewegung und Haltung, ausdrücken. Das Ziel ist, emotionale und psychische Blockaden zu lösen.

Brav folgte ich der Anleitung unserer Kursleiterin, die gefühlt halb so jung war wie ihre Teilnehmenden. Heute sollten wir uns mit dem eigenen Vornamen auseinandersetzen: Schreiben, Malen, Aussprechen ... Dass mich diese Pipifax-Aufgabe an meine eigene Kindergartenzeit erinnerte, wischte ich gedanklich zur

---

4 www.therapie.de/psyche/info/therapie/koerpertherapie/konzentrative-bewegungstherapie/

Seite. Schließlich wollte ich voller Vertrauen das Beste aus diesem Klinikaufenthalt herausholen!

Erst viele Monate später begriff ich, dass diese Übung als sogenannte *Regredierung* – eine absichtliche Rückführung in frühere kindliche Phasen – vermutlich vorsätzlich geplant und Teil des therapeutischen Prozesses war. Umso überraschter war ich, dass sie etwas bewirkte: Noch nie hatte ich so intensiv über meinen Vornamen nachgedacht – meinen lebenslangen Begleiter. Ich konnte mich noch nie wirklich mit ihm identifizieren, weil ich ihn zu altbacken und untypisch für mein Alter fand. Nicht einmal abschätzig gemeint, merkte eine damalige Kommilitonin an: „So heißt meine Oma." Ich fühlte mich damals bestätigt und redete mir weiter ein, dass ich als Person – analog zu meinem Vornamen – aus der Zeit gefallen sei, also anders als die meisten Leute meines Alters. Wer über ein geringes Selbstwertgefühl verfügt, möchte keinesfalls „anders als die anderen" sein, sondern dazu gehören. Bingo. Voll erwischt.

Nun galt es, diese Erkenntnis positiv umzudeuten, ihr einen neuen Rahmen zu geben – *Reframing* heißt der Fachbegriff in der psychotherapeutischen Welt. Für mich ergab sich daraus, zum eigentlichen Wortsinn meines Vornamens zurückzugehen: Aus dem Lateinischen übersetzt heißt Re-nate nämlich „die Wiedergeborene". Konnte es inmitten meiner Lebenskrise ein hoffnungsvolleres Zeichen geben als dieses?

Heute würde ich mich wahrhaftig als „wiedergeboren" bezeichnen. Mittlerweile trage ich meinen Vornamen mit friedvollem Stolz.

Kommen wir zu einem anderen Thema: Zu Beginn einer jeden Gruppeneinheit im therapeutischen Setting steht meist eine sogenannte „Befindlichkeitsrunde" an. Diese Methode, mitunter Wildfremden seinen aktuellen Gefühlszustand mitzuteilen, wird in der alltäglichen Gesellschaft oft belächelt und manchmal sogar verabscheut. Den wahren Sinn dieser Gesprächsrunden verstehen vermutlich hauptsächlich Menschen, die ebenfalls in ein Lebenstief, in eine Phase des völligen emotionalen Kontrollverlustes, gelangt sind. Sich mit seinen Problemen vor anderen zu öffnen, ist definitiv eine Übung für Fortgeschrittene.

Obwohl ich durch meine langjährige Arbeit sehr geübt im Aushalten und Auffangen von fremden Gefühlen bin, bereitete mir der unvermittelt tränenreiche Gefühlsausbruch einer Mitpatientin Unbehagen. Betroffen senkte ich meinen Blick auf den Boden und spürte, wie ich selbst mit den Tränen zu kämpfen begann.

In den nachfolgenden Wochen lernte ich, dass derartige Gefühlswallungen in der Klinik zur Tagesordnung gehören wie das Salatbuffet am Abend. Sie sind sogar explizit als lösendes Ventil erwünscht und fallen unter die Kategorie „heilungsfördernd durch Loslassen".

Eigentlich erwischte es jeden mindestens einmal, spätestens dann, wenn das notwendige Vertrauen innerhalb der Gruppe da war und man keine verächtlichen oder peinlich berührten Blicke mehr fürchtete.

Das war meine erste wichtige Erkenntnis. In einer psychosomatischen Einrichtung ist jegliches Gefühl willkommen.

Bis zum nächsten Pflichttermin waren mehrere Stunden Zeit. In bester Absicht, mir etwas Gutes zu tun, beschloss ich, mir den Kern des hübschen Kleinstädtchens und die Windmühle anzusehen. Ich lieh mir eines der klinikeigenen Holland-Fahrräder. Mit einem tiefen befreienden Atemzug sog ich die kühle, sonnengetränkte Februarluft ein. Ja, genau: tief atmen! Gut so.

Als ich die ersten Meter auf der Hauptstraße fuhr, begegnete ich den ersten Passanten. Schlagartig fühlte ich mich von ihren Blicken durchbohrt. Mir wurde bewusst, dass ich auf keinem Fahrrad saß, das Anonymität versprach. Der ausladende Drahtkorb am Lenker, das auffällige Weinrot und dazu ein kleines Schild mit der Adresse der Klinik machte allen unmissverständlich klar: „Guckt mal, hihi, da kommt wieder eine dieser Bekloppten."

Vermutlich entsprach meine Wahrnehmung nicht ansatzweise der Realität. Dennoch genügte sie als Auslöser für ein erneut aufkommendes Panikgefühl.

De-Personalisation und *De-Realisation* sind die dazu gehörigen Fachbegriffe, um jenen Zustand zu beschreiben, der kurz vor und während einer Panikattacke besteht. Wie „in Watte gepackt" oder „im Nebel" fühlt er sich an. Die Stimmen naher Personen klingen auf einmal von weit entfernt und tausende Gedankenbrocken scheinen sich zu einem Brei aus Hirnmasse zu vermengen. Unmöglich, nur einen einzigen klaren Gedanken zu fassen.

Jetzt war es schon zu spät, um mich selbst zu beruhigen und ins sichere Hier und Jetzt zurückzubringen. Unvermittelt tauchte in mir zum wiederholten Mal das Bild einer Frau aus meiner Heimat auf, die tagtäglich und bei jedem Wetter mit Cappy und Regenschirm (trotz schönstem Sonnenschein) entlang einer Bundesstraße läuft. Sie war für mich bisher die typische Verkörperung von jemandem, der offensichtlich ein psychisches Problem hat. Ich wollte niemals so enden!

Meine Panikgefühle und das Karussell aus Katastrophengedanken hatten mich nun voll im Griff. Noch nie zuvor hatte mich eine derartige Angst erfasst, für immer und ewig „psychisch angeknackst" zu sein oder vollständig „verrückt" zu werden; niemals mehr eine gute und starke Mutter für meine Jungs sein, geschweige denn arbeiten gehen zu können.

Wo war die mutige Frau geblieben, die einst alleine durch europäische Länder gereist war, ein Studium samt Referendariat sowie die Geburten zweier Söhne mit all ihren Herausforderungen der Kindheitsjahre bewältigt hatte? Wie von einem Hochsitz aus, beobachtete ich mich als End-Vierzigerin von oben: Ich sah eine verwirrte Frau auf einem Fahrrad am Seeufer stehen, die sich weder daran erinnerte, wie sie dorthin gekommen war, geschweige denn zurück zu ihrer Klinik finden würde.

Der Spuk endete nach einer gefühlten Ewigkeit. In der Realität dauerte er vermutlich nur irgendetwas zwischen einigen Sekunden bis wenigen Minuten, bis ich wieder das Glitzern des Sees, das Quaken der Enten und meine unterkühlten Hände wahrnehmen konnte. So sehr mich diese erneute Panikattacke verunsichert hatte, umso sicherer war ich mir nun: Ja, ich hatte durchaus das Recht, hier zu sein!

Dieser Vorfall bildete die perfekte Erzählgrundlage für mein anschließendes erstes Therapiegespräch – in Einzelsitzung. Nach anfänglicher Skepsis („Ein Mann, und dann auch noch so viel jünger als ich") konnte ich mich erstaunlich gut öffnen und Vertrauen fassen. Ja, er und ich, das könnte passen.

Tatsächlich ist eine gute „Chemie" zwischen der Patientin und der Person, die bei der Genesung helfen soll, eine wesentliche Basis für den Erfolg einer Therapie, vielleicht sogar die wichtigste Grundlage. Es gibt kaum etwas Kontraproduktiveres für den Therapieerfolg, als wenn unausgesprochene Antipathien oder unbewusste Machtspielchen im Raum stehen, weil das Gegenüber uns vielleicht an jemanden erinnert, den man einfach nicht leiden kann. Das gilt übrigens für beide Seiten. In der psychoanalytischen Therapie wird dies als das *Prinzip der Übertragung und Gegenübertragung* bezeichnet und ist in manchen Fällen sogar ausdrücklich als Übungsfeld erwünscht.

In meiner eigenen Therapielaufbahn durfte ich eine bunte Mischung aus verschiedenen Ansätzen und Verfahren ausprobieren: *Tiefenpsychologisch fundierte Gesprächstherapie, Kognitive Verhaltenstherapie, systemische Aufstellungsarbeit, Kunst- und Tanztherapie, Logotherapie,* kombiniert mit körperorientierten Verfahren und Entspannungstechniken wie *Progressive Muskelentspannung* und *Heilströmen*.

Letztlich würde ich behaupten, dass es genau die Mischung aus verschiedenen Therapieansätzen war, die mich wieder in meine Lebensspur zurückgebracht hat.

Die Strichliste

"Gerade bin ich ziemlich platt, weil ich um den kompletten See gelaufen bin: 13 km in knapp drei Stunden, allerdings mit viel See anschauen, Bäume anfassen, Fotos machen und Vögeln lauschen. Dabei bin ich an einer wunderschönen Wiese mit Krokussen vorbeigekommen.
Mittlerweile beherrsche ich auch das ‚Moin' schon sehr gut. Es tat unwahrscheinlich gut zu laufen, zumal ich immer noch diese doofe innere Unruhe und das Kribbeln in den Händen (und manchmal auch weiche Knie) habe, sobald ich in einen Ruhemodus gehe. Auch lesen klappt leider noch nicht, was ich so gerne tun würde, weil ich ja jetzt endlich mal Zeit dazu habe. Aber ich möchte auf gar keinen Fall Medikamente nehmen (müssen), lieber fange ich das Marathonlaufen an."
(Tagebuchauszug vom 16.2.2019)

Meine Tage waren prall gefüllt. Neben den festen Gesprächstherapien im Einzelsetting und in der Kleingruppe hielt der Chefarzt Vorträge über allerlei Themen, die für den notwendigen theoretischen Hintergrund sorgen sollten. Dies diente dazu, unsere Erkrankungen besser verstehen zu lernen – Psychoedukation im großen Stil.

Das Rahmenprogramm reichte von Tanztherapie über *Qi-Gong* und *Progressive Muskelentspannung*, bis hin zu individuell verordneten körperlichen Anwendungen, die in einer externen Praxis, wenige Meter von der Klinik entfernt, durchgeführt wurden.

Die Physiotherapeutin schlug bildlich die Hände über ihrer Liege zusammen, als sie meine Knubbel und Nackenverspannungen, samt einer Schiefstellung meines gesamten Körpers inspiziert hatte. Offensichtlich würde sie viel mit mir zu tun haben. Sie dekorierte mich mit blau-roten Klebestreifen, die mein Spiegelbild zum Schmunzeln brachten – immerhin war ja bald Fasching.

Meine körperlichen Symptome waren mir noch gar nicht wirklich aufgefallen. Wobei, ehrlich gesagt, hatte ich hin und wieder ein schmerzhaftes Ziehen in meiner Nackengegend und vermehrte Kopfschmerzen gespürt. Rumpfverspannungen sind häufige Begleiterscheinungen bei Depression und Angststörungen. Kein Wunder: Wer sitzt schon aufrecht, wenn er Angst vor dem nächsten Donnerschlag hat?

Die Krankengymnastik-Stunden waren eine willkommene Abwechslung in meiner Klinikroutine und dienten gleichzeitig als Test, wie ich inzwischen mit der Welt der Normalos zurechtkam. Außerdem kam ich in den Genuss einer zusätzlichen Gesprächstherapie, weil die empathische Physiotherapeutin auch eine perfekte Zuhörerin und Impulsgeberin war.

Die Zeit zwischen den Pflichtterminen durfte ich selbst füllen. Besser gesagt: bereits nach der ersten Woche gab es nicht mehr nur mein Ich, sondern auch ein Wir. Wir – die „Gestörten aus der Luxusklapse" ... So machten wir uns täglich lustig über unsere Situation, die von außen mehr als prekär gedeutet worden wäre. Auch Galgenhumor kann gesund sein.

Etwas Verblüffendes geschah ... Mit jedem neuen Tag, jeder tröstlichen Erfahrung und jedem geteilten Aha-Moment innerhalb der Gruppe fühlte ich mich weniger alleine mit meinen Symptomen und mehr als fester Teil einer Schicksalsgemeinschaft. Es war so ähnlich wie in den Jugendfreizeiten, die ich früher betreut hatte. Seit ewigen Zeiten hatte ich nicht mehr so viel und herzhaft gelacht – bis mir der Bauch weh tat. Die bleierne Schwere schien manchmal wie weggeblasen.

Die Patientengruppe war ein Querschnitt durch die Gesellschaft, bezogen auf den Berufsstand, den Geldbeutel, den Charakter, die Wertvorstellungen und ihre Erziehung. Ich teilte die Gruppenräume mit Studenten, Lehrkräften, niedrigen und höheren Beamten, mit einem Manager und Ärzten, die offenbar nicht mehr in der Lage waren, sich selbst zu helfen. Da waren Erzieherinnen, Gärtnerinnen und Pflegekräfte, tiefgründige und oberflächliche Charaktertypen, verschlossene und herzerwärmend offene Seelenmenschen, raue Schalen und weiche Kerne. Der Spiegel der Gesellschaft zeigte sich mir an jedem einzelnen Tag.

Die Sorge, dass mich meine Mitpatienten nerven oder bei meinem Genesungsprozess stören könnten, verflog so schnell wie das Sättigungsgefühl nach dem Mittagessen, in Erwartung des bevorstehenden Kuchenbuffets. Tatsächlich war mein Appetitgefühl bereits in den ersten Tagen zurückgekehrt. Meine Erkältungsviren schienen wie weggeblasen. Das kulinarische Angebot der Klinik hatte meine Erwartung mehr als übertroffen. Ich war mir nicht sicher, ob es daran lag, dass ich nicht selbst kochen musste; doch ich erlebte eine Geschmacksexplosion nach der nächsten. Zum ersten Mal seit Monaten überkam mich wieder ein kleiner Hauch von Vorfreude.

Es tat gut, dass ich mit meinen Gedankenkarussells nicht mehr allein sein musste. Zumindest nicht permanent. Dennoch erinnerte ich mich daran, wie wichtig es mir früher war, auch Zeit mit mir alleine zu verbringen und dass ich das wieder erreichen möchte. Ich nahm mir vor, ab jetzt mehr davon in den Klinikalltag einzubauen.

Damit begann gleichzeitig eine der wichtigsten Übungen, die ich mir selbst auferlegt hatte: Abgrenzen und höflich, aber bestimmt, Nein sagen. Und zwar bedingungslos. Anfangs fiel mir das extrem schwer, vor allem den Menschen gegenüber, zu denen ich Vertrauen gefasst hatte und die deswegen umgekehrt immer wieder meine Nähe suchten. Einem depressiven Menschen, der mir kurz zuvor von seiner Scheu vor Menschen berichtet hat, ein „Sorry, ich möchte jetzt lieber alleine sein" entgegenzuwerfen, stellt in einem Kliniksetting eine große Herausforderung dar.

Im Laufe der Zeit bemerkte ich, dass die anderen mein Bedürfnis ernst nahmen: Die an mich höflich und vorsichtig gerichtete Frage „Kann ich dich kurz stören oder möchtest du lieber alleine sein?" erfüllte mich mit Stolz. Ja, ich durfte mir selbst wichtig genug sein, um mir das Alleinsein zu erlauben. Nein, ich musste nicht bei jeder Gelegenheit als Gesprächspartnerin zur Verfügung stehen. Selbst dann nicht, wenn er oder sie gerade so traurig aussah. Und nein, das ist nicht egoistisch! Die nächste wichtige Lektion hatte ich gelernt.

In meinen freien Stunden sortierte ich die vielen Gesprächsthemen, Reize und Eindrücke. Das half mir dabei, wiederzuentdecken, was ich früher einmal geliebt und was mich in meinen besseren Zeiten ausgemacht hatte. Die Erinnerungen an meine Hobbies und Talente kehrten zurück.

So füllte ich meine Solo-Zeit mit frühmorgendlichen Joggingrunden, Fotografier-Sessions am See, Zeichnen im Klinikpark, Spaziergängen mit bewussten Atemzügen und besonders offenen Augen und Ohren und mit Radtouren. Nur selten überkam mich dabei die Sorge, dass mich dieses orientierungslose Gefühl vom ersten Ausflug wieder überkommen könnte. Tatsächlich trat es nie mehr auf.

Eines Nachmittags stolperte ich per Zufall oder Fügung in die Vernissage eines Künstlers mit wundervollen Acrylwerken hinein. Dazu wurde Rachmaninoff gespielt. Zu meiner Verzückung spürte ich ein zartes inneres Kribbeln, dasselbe, das mich früher immer überkam, wenn ich mit mir im Einklang stand. Ich hätte innerlich zerspringen können. Mein Körper war tatsächlich noch in der Lage, dieses wundervolle Gefühl zu erzeugen. Es war wie der berühmte „Zauber eines Neubeginns".

Auch bei Mitpatienten bemerkte ich Fortschritte, zumindest, wenn sie gute Tage hatten. Eines Abends wurden alle in das Kaminzimmer eingeladen. Ein junger Mann setzte sich mit anfänglicher Schüchternheit an ein E-Piano und gab uns ein spontanes Klavierkonzert, mit teils selbst komponierten Stücken und Texten, die von seinen „miesen Tagen" erzählten. Jener Mitpatient beging hier mit ersten wackligen Schritten seinen Weg in Richtung einer beruflichen Neuorientierung: Musik statt Lehramt. Heute verdient er einen Teil seines Einkommens mit seiner Leidenschaft als Hochzeitspianist.

Im Rahmen der Tanztherapie kam ich mit einem Mann ins Gespräch, der lateinamerikanische Tänze genauso gern tanzte, wie ich das in meiner Jugend über viele Jahre hinweg auch getan hatte. Spontan luden wir zu einem improvisierten Tanzabend ein. Einige der schönsten langsamen Walzerstücke wie *When I need you* von Leo Sayer oder Westlifes *You light up my life* ertönten über den Lautsprecher des Laptops. Ich fühlte mich verzückt in meine Tanzstundenzeit zurückversetzt.

Obwohl die Kenntnisse anfangs eingerostet schienen, fanden sich spontan einige mehr oder weniger harmonische Tanzpaare zusammen. Außer Atem und erhitzt stellte ich fest: Tanzen – das ist die pure Lebendigkeit! Meine halbe Jugendzeit lang war das Tanzen meine schier einzige Aktivität am Wochenende gewesen – in meinem Dokumenten-Ordner stecken noch alle Abzeichen. Wie hatte ich das vergessen und so sträflich vernachlässigen können?

Somit verbrachten wir einige erfüllende Tanzabende. Ich war verblüfft, dass mein Körper die vergessen geglaubten Schritte und Figuren wieder hervorgezaubert hatte.

Natürlich gab es Klinikregeln, an die wir uns zu halten hatten. Neben dem Verzicht auf Alkohol – wegen der Wechselwirkung mit Medikamenten – galt das vor allem für Personen, die als suizidal galten – also diejenigen, die versucht hatten, sich das Leben zu nehmen, es entweder noch selbst im entscheidenden Moment verhindern konnten oder rechtzeitig von aufmerksamen Mitmenschen gefunden wurden. Diese Personen standen unter besonderer Obhut und Beobachtung des Klinikpersonals.

Nach zwei Wochen hatte sich ein Klinikalltag eingestellt, und von Tag zu Tag fühlte ich mich besser aufgehoben. Gleichzeitig rückten die zwanghaften Gedanken an mein Zuhause – Mann und Kinder waren alleine daheim – ein wenig in den Hintergrund. Sogar das schlechte Gewissen, das mich zuvor schier verrückt gemacht hatte, wurde weniger.

Beinahe täglich telefonierte ich mit meiner Familie. Anfangs wurde ich noch in die gewohnten Beschwerden über zu schwierige Hausaufgaben einbezogen oder nach einer Lösung für ein dringendes Problem mit der Waschmaschine befragt.

Offenbar hatte sich der Männerhaushalt zu dritt ebenfalls eingependelt. Der Satz meines älteren Sohnes „wir schaffen das auch ohne dich" hinterließ ambivalente Gefühle – eine Beruhigung einerseits, dass sie so tapfer sind (auch wenn es öfters als sonst Döner, Pizza und Pasta gab), und andererseits fühlte ich Verlustangst. Ein wenig bangte ich: „Mache ich mich gerade selbst überflüssig? Irgendwie ist es ja auch ganz schön, gebraucht zu werden." Nach einer Woche erhielt ich von daheim einen Blumenstrauß und ein erstes Paket mit selbstgebackenen Cookies und süßen Briefchen. Ich war zu Tränen gerührt.

Meine Mutter schien neuerdings eine telefonische Standleitung in unser Haus zu haben. Sie wollte mich aufmuntern und hob in unseren seltenen Telefonaten und Briefen konsequent hervor, wie gut die Männer den Alltag (ohne Frau im Haus) hinbekämen – daran hatte sie keinen Zweifel gehabt, und dass ich ja nun drei lange Wochen Zeit hätte, um mich ausreichend zu erholen.

Unweigerlich wurde mir vermittelt, mal mehr mal weniger deutlich, dass ich diese Auszeit auf jeden Fall nutzen sollte, denn danach gehe es schließlich sofort wieder „in die Vollen" und der Alltag laufe dann ja auch so weiter wie davor. Vermutlich seien an diesen Problemen sowieso hauptsächlich die Hormone schuld und das würde sich mit der Zeit (der vergehenden Wechseljahre) ganz bestimmt von alleine wieder regeln.

Die Telefonate taten mir nicht immer gut. Vor allem am Anfang geriet ich mit meinem Mann in Konflikte, anstatt in wohltuende Gespräche, die mich gestützt hätten. Doch er war besorgt, weil die zuständige Krankenkasse und Beihilfe ihre Kostenzusage noch immer nicht gegeben hatten. Obwohl ich ihn verstehen konnte, ging es mir nach solchen Telefonaten schlechter als zuvor. Nach dem Auflegen plagten mich deswegen oft große Schuldgefühle und Druck. Gedanklich war ich an manchen Tagen mehr daheim als bei meinen Therapiethemen und Anwendungen.

Eines Morgens überkam mich die Erkenntnis: Es würde nicht reichen! Die drei geplanten Wochen würden nicht ausreichen. Am Ende der zweiten Woche wurde mir bewusst, dass ich von einer Linderung meiner Symptome, geschweige denn Verbesserung und Aufarbeitung meiner Situation, meilenweit entfernt war. Und nicht ansatzweise konnte ich mir vorstellen, wie ich einen geregelten Alltag zu Hause, den Haushalt, das Kochen, die Diskussionen über Handykonsum oder Schule, geschweige denn den Einstieg in meine Arbeit, würde bewältigen können. Niemals.

Mit Entsetzen tauchte vor meinem inneren Auge ein Bild auf: die Strichliste! Dabei handelte es sich um ein kariertes Stück Papier, das ich vor meiner Abreise in unserer Küche an die Pinnwand gehängt hatte. Mein jüngerer Sohn hatte sie mir überreicht, nachdem er darauf fein säuberliche Linien gezogen hatte. Die Daten von Mitte Februar bis Anfang März, also exakt die drei Wochen, in denen ich planungsgemäß in der Klinik – also weg von daheim – sein würde, hatte er genau untereinander platziert und mit Smileys verziert. Die Anzahl dieser lachenden Gesichter nahm zu, je näher das Datum von Mamas Heimkehr rückte. Und nun würde diese Sehnsuchtsliste überflüssig werden?

Von da an musste ich schier ununterbrochen an diese Liste denken. In meinem Herzen spürte ich ein immer schrecklicher werdendes Brennen: Es war die Angst vor der Reaktion, wenn ich meinem Sohn sagen würde, dass ich den Klinikaufenthalt verlängern müsste. Dass ich noch weit davon entfernt sei, die alte und gesunde Mama zu sein. Die Angst, ihn zu enttäuschen. Mein Innenleben glich erneut einem lodernden Kamin.

Bedürftig sein – die Besuche der anderen

Ich saß mit einem Stück Schokokuchen und der kühl gewordenen Tasse Kaffee im Park. Wie schön, dass ich die zwitschernden Vögel wieder bewusst wahrnehmen und dabei sogar ein wenig Freude empfinden konnte. Für Anfang März war es überraschend warm und sonnig. Nur mit der Konzentration auf meine Zeitschrift klappte es immer noch nicht so ganz. Ein paar Minuten, immerhin. Plötzlich sprangen drei Kinder auf den Rasen. Ein Elternpaar zog einen Stuhl von der Steinterrasse des Raucherpavillons hinter sich her. Ach ja richtig, heute war ja Samstag.

An jedem Wochenende wurden die Räume der Klinik und der Park von einer auffallenden Lebendigkeit erfüllt. Familienzeit! Zumindest für die Angehörigen jener „Insassen", die in einem Radius von hundert Kilometern um die Klinik wohnten, in der Mama oder Papa gerade „einsaß". Plötzlich fühlte ich mich gestört. Eigentlich wollte ich unbedingt meine Ruhe haben, weshalb ich mich extra in einen eher abgelegenen Teil des Parks gesetzt hatte.

Ohne damals etwas über *Trigger* gewusst zu haben, ahnte ich, dass dieses brodelnde Gefühl in meiner Bauchgegend Neid war, in Verbindung mit Traurigkeit und Einsamkeit. Dazu hatte sich noch eine weitere unliebsame Empfindung eingestellt: War es Selbstmitleid? Heute würde ich dies wohlwollender als „Selbstmitgefühl" bezeichnen, das in manchen Lebenssituationen sehr heilsam ist.

Wenn wir uns schlecht fühlen, neigen wir grundsätzlich zu Übertreibungen: „Alle bekommen Besuch – nur ich nicht!" Ja, es tat weh. Schließlich hatte ich vieles versucht, damit meine Familie mich in der zurückliegenden Ferienwoche besuchen kommt, hatte nach einer Ferienwohnung Ausschau gehalten. Hatte meinen Mann inständig darum gebeten, sich Urlaub zu nehmen und sich mit den Jungs in den Zug zu setzen. Doch es hatte nichts genutzt. Sie würden nicht kommen. Es war einfach zu weit und zu umständlich zu organisieren. Ich selbst hatte diesen entfernten Ort gewählt. Dazu kam eine körperliche Krankheitsdiagnose im familiären Umfeld meines Mannes, deren positiver Ausgang zur damaligen Zeit noch nicht abzusehen war. Möglicherweise wäre er vor Ort gebraucht worden.

Für all diese unpassenden Bedingungen hatte ein Teil in mir vollstes Verständnis – es war der erwachsene Teil. Der andere Teil in mir war unfassbar enttäuscht, wütend und verzweifelt. Die Opferrolle, in die ich mich hineinmanövriert hatte, zog meinen Rest an verbliebener guter Stimmung komplett in den Keller. Und ich ließ es gnadenlos geschehen.

Waren das „alte" Gefühle? Zeigte sich hier meine Bedürftigkeit auf schmerzhafteste und deutlichste Weise? Meine eigene Bedürftigkeit?

Was ich damals aufgrund meiner depressiven Episode (in depressiven Phasen fehlt oft die Fähigkeit an Empathie) nicht sehen konnte: Meine Kinder und mein Mann hatten ihre ganz eigene Bedürftigkeit. Die stundenlange Reise für wenige Tage war ihnen einfach zu stressig. Punkt!

Was heißt eigentlich *bedürftig sein*? Dieser Ausdruck sollte mir in den folgenden Wochen immer wieder begegnen. Unschwer erkennbar steckt darin das Wort *Bedürfnis* und *ein Bedürfnis oder mehrere Bedürfnisse haben*. Dass jeder Mensch Bedürfnisse hat, ist sicherlich keine Neuigkeit. Doch gelten wir deswegen alle als *bedürftig*?

An dieser Stelle tauchen wir ein klein wenig in die Welt der Psychologie ein, was ich heutzutage auch mit meinen Klienten im Rahmen der Psychoedukation tue. Meistens erscheinen in diesem Zusammenhang die Namen Grawe und Maslow. Nach Abraham Maslow (1908-1970), einem der einflussreichsten Psychologen des 20. Jahrhunderts und Begründer der humanistischen Psychologie, hat jedes Individuum Grundbedürfnisse, die innerhalb einer Person, je nach individuellen Voraussetzungen, in verschiedenen Phasen unterschiedlich stark ausgeprägt sind.

Die *Bedürfnispyramide nach Maslow*[5] dürfte für viele ein Begriff sein.

Unzureichend befriedigte Bedürfnisse kann man über einen begrenzten Zeitraum ausgleichen. Werden jedoch über längere Zeit bestimmte Bedürfnisse grundsätzlich verdrängt oder negiert, kann ein Ungleichgewicht entstehen. Diese Person ist dann eventuell nicht mehr fähig, auf ihre *Resilienz* zuzugreifen, also flexibel und möglichst günstig mit Stress und psychischen Herausforderungen umzugehen. Auch Strategien, die jahrelang funktioniert haben, fruchten dann plötzlich nicht mehr. Diese könnten die folgenden sein: z. B. Ablenkung durch Arbeit oder exzessiven Sport, Betäubung durch Alkohol, Cannabis, Schlafmittel oder andere suchtmachende Substanzen. Heute gehören dazu auch die substanzungebundenen Rauschmittel wie exzessiver Social Media-Konsum (eher weiblich) oder Zockerspiele (eher männlich).

Viele kennen das – ich eingeschlossen: Sie möchten abends endlich entspannen und sich von den körperlichen und mentalen Anstrengungen des Tages lösen. Auf der Couch belohnen sie sich mit einem Glas Rotwein. Vermutlich haben sie in der Vergangenheit bereits die Erfahrung gemacht, dass der Alkohol ihr körperliches und auch mentales System leichter herunterfahren lässt, und dass ihre Gedanken umso lauter werden, je leiser und reizärmer es im Wohnzimmer wird. Um mögliche Stimmen zu übertönen (Anmerkung: hier sind nicht die „befehlenden Stimmen" gemeint, die bei bestimmten Psychosen auftreten können), schlummern sie Schluck für Schluck sanft aus der Realität, bis die nötige Bettschwere erreicht ist. „Wegbeamen und Streamen": Auch unsere lieb gewonnenen Serienhighlights sind hier sehr dienlich. Bevor nun die Empörung meiner Leserschaft allzu laut wird: Selbstverständlich spricht nichts gegen ein abendliches Gläschen Wein vor dem Bildschirm. Doch gilt hier: Die Dosis macht das Gift. Und Alkohol kann den Schlaf ungünstig beeinträchtigen.

---

5 www.mentorium.de/beduerfnispyramide-maslow/

Aus eigener Erfahrung kann ich sagen, dass ich in der härtesten Phase meiner Angststörungen und Depression weder die nötige Konzentration für einen Film oder ein Buch aufbrachte, noch in der Lage war, ruhig auf dem Sofa zu sitzen. Ich konnte und wollte erst recht keine Nachrichten schauen, geschweige denn die schnellen und schlimmen Bilder seelisch verdauen. An manchen Abenden wollte ich einfach nur irgendwie in den Schlaf kommen. Obwohl ich glücklicherweise auf Einschlafdrogen verzichten konnte, war zeitweise ein sanftes Lavendelpräparat mein Anker. Ob ich die wohltuende Wirkung der Pflanze oder einem Placebo-Effekt zu verdanken hatte, war mir herzlich egal. Hauptsache irgendwann einschlafen!

Kommen wir zurück zur abendlichen Couch und stellen uns vor, dass wir weder ablenkende noch betäubende Maßnahmen unternommen haben:

Vor allem am Abend, wenn der Körper erschöpft und der Geist müde ist, werden wir am häufigsten von unseren „inneren Dämonen" heimgesucht. Meine Mutter hatte dazu ihren Standardspruch, den ich noch heute bei meinen Kindern und mir selbst anwende: „Am nächsten Morgen sieht alles wieder anders aus." Sehr oft behielt sie tatsächlich recht: Meistens war ich am Morgen wieder klarer und frischer im Kopf und vor allem zuversichtlicher. Personen in einer schweren depressiven Phase berichten von dem sogenannten Morgentief, in dem sie ihre Antriebslosigkeit kaum aus dem Bett kommen lässt.

Meine Depression war „nur" als mittelgradig eingestuft und dennoch blieb der Spruch meiner Mutter in meiner dunkelsten Phase wirkungslos. Pünktlich zur Schlafenszeit hatte ich nämlich das Gefühl, als würden tausend Ameisen durch meine Gliedmaßen krabbeln. Oder als tauchten vor meinen inneren Augen immer wieder Blitze auf. Meine innere Unruhe hatte mich voll im Griff.

Hier ein Tipp für besorgte Angehörige und Freundinnen: Auch die gut gemeinten und unter normalen Umständen wärmenden Karten-Weisheiten helfen meist nicht aus psychischen

Tälern heraus. Im Gegenteil: Sätze wie „Hey, es kommen wieder andere Tage" oder „Du musst nur optimistisch bleiben und das Glas als halbvoll betrachten", wirken für Menschen in einer depressiven Episode ähnlich wie die Dunstabzugshaube, an der man sich den Kopf stößt. Besser wäre es, zu signalisieren: „Hey, ich bin für dich da, sobald du weißt, was du von mir brauchst." Oder den Versuch zu starten, einen gemeinsamen Spaziergang anzutreten und sich bei der ersten Absage nicht entmutigen zu lassen. Vielleicht klappt es ja beim nächsten Mal?

Fakt ist: Je weniger du dich ablenkst, umso mehr stellen sich manchmal unangenehme Gefühle ein, die verunsichern und am liebsten weggedrückt werden wollen. *Klaus Grawe*[6], Psychotherapeut und Psychologieforscher (1943-2005), bezeichnet dies in seinem Ansatz über die vier Grundbedürfnisse eines Menschen – 1. Lust und Unlust, 2. Bindung, 3. Orientierung und Kontrolle, 4. Selbstwerterhöhung und Selbstwertschutz – als das Bedürfnis der „Unlust-Vermeidung".

Was also steckte hinter der Bedürftigkeit, die mich in der Klinik manchmal überfiel, vor allem an jenem Wochenende bei den „Besuchen der anderen"?

Natürlich nahm ich diese Situation zur nächsten Sitzung mit meinem Bezugstherapeuten mit. Wir arbeiteten gemeinsam heraus, was ich bereits geahnt hatte: Vermutlich handelte es sich tatsächlich um „alte" und somit „kindliche Bedürfnisse". Als jüngstes Geschwisterkind wollte ich immer besonders „gesehen" werden, doch allzu oft fielen meine Bedürfnisse zugunsten der „Großen" und unserem turbulenten Familienalltag zum Opfer. Am Mittagstisch lernte ich, gut zuzuhören, während sich mein Bruder und meine Schwestern in ihrem Meinungsgefecht schier überschlugen. Oder ich hechelte bei Radtouren meinen ausgewachsenen Geschwistern auf meinem kleinen Kinderfahrrad hinterher.

---

6 www.klaus-grawe-institut.ch/archiv/die-grundbeduerfnisse-nach-klaus-grawe-bei-kindern-und-jugendlichen-das-beduerfnis-nach-kontrolle-und-autonomie-3-4/

Heute sehe ich die Fähigkeit „gut zuzuhören" und „zwischen den Zeilen zu lesen" als meine große Gabe an. Und meine körperliche Fitness ist auch bis heute nicht die schlechteste. Der Nachteil: Ich hatte mich schon sehr früh in Anpassung geübt.

Doch auch an dieser Stelle ist Selbstmitleid fehl am Platze. Diese Eigenschaft teile ich schließlich mit unfassbar vielen Kindern und Erwachsenen, die als jüngstes Kind in einer Großfamilie geboren wurden oder deren Eltern viel zu sehr anderweitig mit sich selbst, ihren unglücklichen Partnerschaften oder ihrem herausfordernden Leben beschäftigt waren und sind.

Mein erwachsenes Verstandes-Ich kannte demnach sehr wohl die Gründe, warum mich während der siebenwöchigen Klinikzeit weder meine Familie noch meine besten Freundinnen besuchen konnten. Mein kindliches Ich fühlte sich jedoch bedürftig, also unglücklich, verlassen und verloren. In den folgenden Kapiteln werde ich noch näher auf die Themen *Bedürftigkeit*, das *Selbst* und das *Innere Kind* eingehen.

Der menschlichste Ort

Die Befindlichkeitsrunde war in vollem Gange. Hinter mir wurde die Glastür aufgezogen. Aus dem angrenzenden Essraum vernahm ich Stimmen, die beim Öffnen der Tür kurzzeitig lauter wurden. Eine Person, in alle Richtungen auffallend großgewachsen, schlängelte sich wie in Zeitlupe an mir vorbei. Trotz ihres Volumens hatte sie etwas seltsam Geisterhaftes. Ihre Erscheinung glich eher einem Hauch als einer Materie, doch von ihr ging eine Energie aus, die mich instinktiv den Atem anhalten ließ.

Schräg rechts gegenüber öffnete sich der Stuhlkreis. Eine aufmerksame Mitpatientin hatte bereits einen leeren Stuhl zwischen sich und ein anderes Mitglied der Gruppe geschoben. Die Person, die sich mit augenscheinlich schwerer Last darauf niederließ, war ein Mann. Ein Bär von einem Mann. Einer vom „Typ Manager", in einen rosafarbigen Pullover gekleidet. Wären da nicht die Badeschlappen gewesen, in denen zwei nackte maskuline Füße steckten, so wäre in mir unvermittelt das Gefühl von Unterlegenheit aufgekommen. Im Zusammenhang mit Männern und einer dominanten und machtvollen Aura kannte ich das schon seit Kindertagen.

Doch in diesem Moment war etwas auffallend anders. Erst jetzt realisierte ich es: weiße Verbände, die um seine beiden Handgelenke gewickelt waren. Und es war seine Haltung. Mit gekrümmtem Rücken starrte er auf den Boden. Diese Pose erinnerte mich unvermittelt an ein unfassbar geläutertes kleines Kind. Ich war fassungslos. Mein Hirn war nicht in der Lage, diese beiden Attribute zu einem sinnvollen Zustand zu vereinen – eine schier arrogante Dominanz auf der einen Seite und diese schemenhafte Zerbrechlichkeit auf der anderen.

An jenem Morgen sprach der neue Patient kein Wort. Später wurde uns zugetragen, dass der ominöse Neuling die Nacht zuvor in der Psychiatrie verbracht hatte. Er sei nun außer Lebensgefahr und hätte mittlerweile die zuständigen Psychiater glaubhaft davon überzeugen können, auf einen weiteren Selbsttötungsversuch zu verzichten. Somit durfte er in die Patientengemeinschaft aufgenommen werden.

Wieso hatte mich dieser Vorfall so tief berührt?

Ich habe dazu zwei Vermutungen: der Neue widersprach meinem bisher gelernten und tief verinnerlichten Bild, wie sich ein Mann „Typ Manager" normalerweise zu verhalten hätte und wie er sich in einer Gesellschaft von Menschen des unteren bis mittleren Mittelstands üblicherweise zeigt.

Meine zweite Annahme war: Ich erkannte ihn als Mensch, in seiner reinsten Form. Die Tatsache, dass mir das so außergewöhnlich erscheint, spricht Bände. Schließlich ist die überwiegende Mehrheit unserer westlichen Leistungsgesellschaft ängstlich darauf bedacht, sich die meiste Zeit stark, erfolgreich und unverwundbar zu präsentieren.

Im Laufe der kommenden Wochen beobachtete ich den Ankömmling mit großer Neugier. Wie würde er sich entwickeln? Als es ihm offensichtlich etwas besser ging, schnappte ich beim Mittagessen Themen aus seinem Berufsstand auf: millionenschweres Business mit Privatjet, Frau und Kind.

An einem Nachmittag suchte ich ihn ganz bewusst in der Kaffeepause auf. Noch vor wenigen Wochen wäre mir das nie in den Sinn gekommen; noch nie hatte ich Interesse daran gehabt, Zeugin einer (Vorsicht: Vorurteil) Prahlerei über finanzielle oder maskuline Potenz zu sein, geschweige denn mich unnötig einer Situation auszusetzen (Achtung: mein eigenes Selbstwertproblem), in der ich mich unterlegen fühlen würde. Dass ich mich aus eigenem Antrieb heraus diesem Mann mit meiner Kaffeetasse gegenübersetzte, schaffte ich nur, weil ich mich plötzlich auf Augenhöhe fühlen konnte. Ich war in der Lage, ein empathisches Gespräch zu führen, als Mensch.

Von Individuum zu Individuum.

Als Frau und Mann, die beide gerade aus einer Lebenskrise herauskrabbeln.

Als vom Leben überrumpelte und gereifte *Innere Kinder*.

Keiner von uns beiden schien besser oder schlechter, schöner oder hässlicher, lustiger oder langweiliger zu sein.
Jeglicher Vergleich war überflüssig.
Banaler Smalltalk oder oberflächliche Sprüche, verschleierndes Gehabe – obsolet.
Es gab kein Spiel zu spielen.
Alles, was wir vielleicht noch hätten verlieren können, wären unsere Kleiderhüllen gewesen (allein dieser Gedanke daran erscheint mir beim Schreiben völlig absurd) – ansonsten waren wir emotional nackt.

In diesem Moment durchzuckte mich die Erkenntnis: Es gibt keinen menschlicheren Ort als diese Klinik!
All diese Momente der vergangenen Wochen, in denen wir innerhalb der Patientengruppe gegenseitig Zeugen von bitterlichen Weinkrämpfen und sich entladenden Wutanfällen wurden, ergaben jetzt Sinn.
Jedes mit rot-fleckigem Gesicht und schamhaft zittriger Stimme ausgesprochene Tabuthema, jede spontane Umarmung, ebenfalls.
Was hätten wir nun eigentlich noch zu verlieren? Gar nichts.
Im Gegenteil – die allermeisten hatten so vieles zu gewinnen: Respekt, Achtung, sich als Frau oder Mann angenommen zu fühlen, endlich nicht mehr durch die Erkrankung isoliert zu sein, verstanden zu werden und durch den Austausch miteinander selbst so vieles zu verstehen.
Jeder, der dies wollte, durfte sich hier völlig authentisch geben, die Maske ablegen, seine Fassade einreißen. Ein Trainingslager, sich in seiner größten Verletzlichkeit zu zeigen.
Null Risiko.
Keine Sorge vor Nachteilen innerhalb des Arbeitskollegiums, des Fußballvereins, bei der neuesten TikTok-Challenge oder beim Vergleich mit anderen Frauen, die vermeintlich weniger Bauchumfang haben.
Ich weiß, das ist lediglich meine eigene Erfahrung, die sich nur auf diese Klinik bezieht. Sicherlich gibt es manche, die meine

Meinung nicht teilen würden. Doch nach dieser Erkenntnis fühlte ich mich plötzlich unendlich befreit.

Von da an wollte ich die Chance nutzen, mich mit allen Ecken und Kanten, mit all meiner Bedürftigkeit und Verletzlichkeit zu zeigen. Wenn nicht hier, wo dann? Ich wollte mich darin üben, mich selbst als „Ich-bin-Renate-die-liebenswert-ist-gerade-weil-sie-so-ist-wie-sie-ist" zu zeigen. Das spürte ich in keinem Moment so deutlich wie in diesem.

Gleichzeitig sehnte ich mich danach, all die anderen hier ebenfalls so sehen zu können, wie sie wirklich sind.

Ich wollte, dass sie eine ähnliche Erkenntnis und Transformation erleben wie ich und daran wachsen dürfen.

War das die Geburt meiner Vision, irgendwann als Therapeutin meiner Berufung zu folgen? Wenn mir damals jemand gesagt hätte, dass ich fünf Jahre später eigene Klienten dabei unterstütze, zurück in ihre Kraft und in einen erfüllenden Alltag zu gelangen, hätte ich nur heftig den Kopf geschüttelt.

Die Begegnung mit dem „Typ Manager" hatte mir die Augen geöffnet. Der Austausch mit ihm ließ mich so vieles verstehen. Fasziniert hatte ich seinen Antworten über unsere Kaffeetassen hinweg gelauscht und konnte kaum aufhören, mit dem Kopf zu nicken. Ich verstand ihn, ohne nähere Details über seine Themen wissen zu müssen.

Im Grunde geht es bei jedem einzelnen von uns um die immer gleichen Themen – weil wir als Menschen dieselben Grundbedürfnisse haben: Wir alle wollen geliebt, anerkannt, wertschätzend behandelt und von nahen Menschen gesehen werden. Wir alle sehnen uns nach innigen Beziehungen mit Menschen, die uns genau so lieben, wie wir sind.

Der Mann hatte in mir bewirkt, dass ich alle Vorurteile über vermeintlich arrogante Menschen über Bord werfen konnte – zumindest, wenn sie mir gegenüber freundlich zugewandt sind. Weil sie nämlich nicht anders sind als ich, sondern „nur Menschen" mit Gefühlen und Bedürftigkeiten. Auch sie sind tagtäglich damit konfrontiert, die Herausforderungen ihres Lebens unter Kontrolle zu behalten und zu bewältigen.

An dieser Stelle möchte ich die positive Entwicklung meines Mitpatienten vorwegnehmen: Wenige Wochen nach seinem Badeschlappen-Auftritt stand derselbe Mensch in demselben rosafarbigen Pulli hinter dem Frühstücksbuffet. Mit einer unbändigen Freude und ansteckendem Grinsen im Gesicht schwang er seinen voluminösen Körper hinter den Müslischälchen von rechts nach links und sang mit voller Inbrunst *Cordula Grün* – noch eine der vielen Momentaufnahmen, die sich für immer in meine Seele eingebrannt haben.

À propos „Grün": Manchmal dürfen wir uns in unserem Leben mit einem „grünen Bereich" glücklich schätzen. Ohne Garantie, dass „alles gut" ist oder alles wieder gut wird. Manchmal wechselt er in unserem Alltag in ein Orangerot oder wird grau. Nichts ist so verlässlich wie Veränderung.

Niemand wird jeden Tag das perfekte Glück oder eine permanente Zufriedenheit spüren. Genau so wenig wird ein Mensch tagtäglich nur gute Gefühle haben.

Doch muss das eigentlich unbedingt sein?

Seit ich mich von dem krampfhaften Glaubenssatz „nur gute Gefühle sind wertvoll" gelöst habe, geht es mir viel besser.

Jedes Gefühl ist wertvoll und hat seine Berechtigung.

Auch die unangenehmen Gefühle.

Sie dürfen uns als Kompass dafür dienen, dass etwas in unserem Leben gerade nicht stimmig ist, dass wir vielleicht eine Veränderung anstreben und ins Tun kommen sollten.

Dass wir von etwas Altem loslassen dürfen. Weil eben etwas Neues dran ist, an dem wir wachsen können.

Unangenehme Gefühle können eine Einladung zum Wachsen und Reifen sein.

Ja, auch die sehr schmerzhaften.

Gefühle wollen gefühlt werden. Das ist ihre Bestimmung!

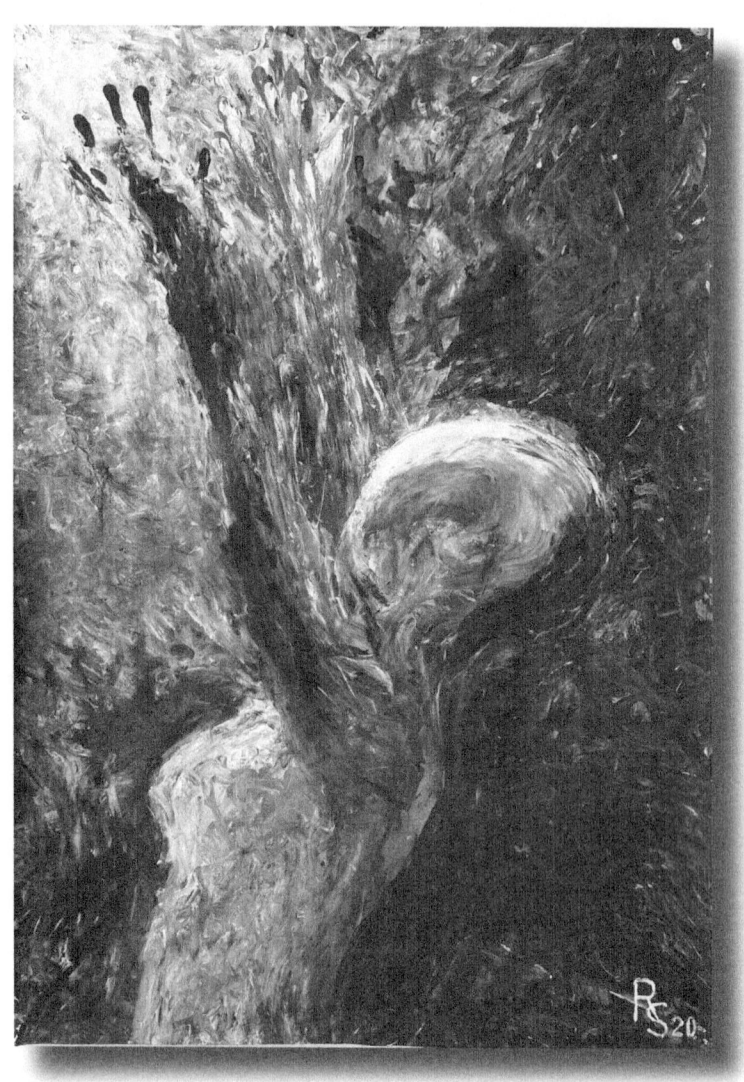

Vor kurzem habe ich einen beeindruckenden Satz gehört: „Gefühle bringen uns nicht um. Doch was uns auf lange Sicht umbringt, das sind die verzweifelten Maßnahmen, die wir treffen, um unsere Gefühle zu unterdrücken, zu verdrängen oder zu betäuben."

Die größte Offenbarung

Etwas verspätet huschte ich in den Raum, der überwiegend für die körperorientierten Angebote wie *KBT, Qi-Gong, Progressive Muskelentspannung* und Tanztherapie genutzt wird. Ich war besonders neugierig, denn es stand „Meditation" auf dem Programm. Mich ärgerte, dass ich zuvor die Zeit vergessen hatte und deswegen so abgehetzt hier ankam. Etwas beschämt suchte ich den Raum nach einem freien Platz ab und holte mir eines der bananenförmigen Kissen, die immer so rascheln, wenn man sich darauf bewegt.

Dieses Geräusch war mir mittlerweile sehr vertraut und löste ein behagliches Gefühl von Loslassendürfen in mir aus. Die erste Anschaffung, sobald ich wieder zuhause bin, würde solch ein Kissen sein, nahm ich mir vor. Ich platzierte es möglichst geräuschlos zwischen zwei Frauen, lächelte entschuldigend und ließ mich nieder. Hoffentlich würde ich jetzt nicht zu sehr nachschwitzen.

Während ich versuchte, meine Beine möglichst bequem im Schneidersitz zu sortieren, ertönten bereits die ersten Klänge einer fernöstlichen Klangschalenmusik. Früher war ich dazu geneigt, darüber einen Witz zu machen, doch das war eben früher – vor meiner Krise.

Ich bezeichne mich als spirituellen Menschen. Außerdem bin ich der Ansicht, dass jeder Mensch sich dem Vertrauen an eine höhere Macht hingeben sollte, weil das vor allem in herausfordernden Phasen Halt und Hoffnung geben kann.

Sehr bewusst wurde mir das in jener Nacht meiner Panikattacke, als ich auf dem Weg in die Notaufnahme mantraartig das *Vaterunser* gebetet hatte. In diesem Moment war das für mich instinktiv die letzte Möglichkeit, meinen erbarmungslosen Kontrollverlust in Schach zu halten.

Vor allem meine Omas und meine Mutter, alle tief verwurzelt in ihrer Religiosität, lehrten mich das Beten. Deshalb war es für mich eine Selbstverständlichkeit, dass ich, als ich selbst Mama wurde, jeden Abend am Bett meiner Söhne saß und wir gemeinsam *Oh, du stille Zeit* und *Der Mond ist aufgegangen* sangen und daran mindestens ein Gebet anschlossen. Auch wenn sich dieses Ritual nach mehr als zehn Jahren überflüssig gemacht hat, weil meine Kinder schließlich ein Alter erreicht hatten, in dem sie sich getrost selbst ins Bett bringen konnten, bin ich noch heute unendlich dankbar dafür.

Auch ich hatte mir vorgenommen, meinen Kindern ausreichend Glauben und Vertrauen in eine höhere Macht mitzugeben – in unserem Fall an einen wohlwollenden, beschützenden, hoffnungsmachenden und verzeihenden Gott –, damit sie sich in den schwersten Zeiten ihres Lebens daran erinnern könnten. Ich hoffe noch heute, dass sie dadurch ein Werkzeug mitbekommen haben, welches sie ergreifen können, bevor sie in Drogen, in eine Sekte oder in eine Beziehung abrutschen, die man heute neudeutsch als „toxisch" bezeichnen würde.

Zur Praktizierung und Verfestigung dieses religiösen Fundaments kam mir entgegen, dass wir in unserer Pfarrgemeinde mit diesem offenherzigen und kinderfreundlichen Pfarrer gesegnet waren – so wie ich als Kind. In einem früheren Kapitel hatte ich bereits erwähnt, wie wichtig mir die Impulse aus seinen Predigten waren, die immer auch einen Alltagsbezug hatten. Bis zu seinem Weggang im Jahre 2019 durften wir vor allem an den Sonn- und Feiertagsgottesdiensten ein intaktes Gemeindeleben genießen, meine Söhne beim Ministrantendienst und als Sternsinger-Könige und ich als Mitglied des Chores, dem ich bis heute angehöre. Auch wenn die Corona-Pandemie und die Skandale der katholischen Kirche unser Vertrauen gedämpft haben, so bin ich davon überzeugt, dass meine Kinder eine ausreichende religiöse bzw. spirituelle Prägung mit auf den Weg bekommen haben.

Dem Begriff *Spiritualität* bin ich bis ins hohe Erwachsenenalter hinein mit Skepsis begegnet. Sofort hatten sich in mir Bilder von singenden und wippenden Mönchen in orangenen Gewändern aufgedrängt, die auf mich mangels Wissen etwas befremdlich wirkten. Wenn heutige Coaches mit verklärtem Gesicht von ihren lebensumkehrenden Momenten der Erleuchtung berichten, überfällt mich noch immer manchmal Unbehagen und rutschen mir Worte wie „das klingt mir zu spooky" heraus. Doch ich übe mich in Toleranz, denn ich mag keine Arroganz aus Unwissenheit.

Mittlerweile bin ich ein wenig mit der Yoga-Philosophie vertraut, so dass ich auch alternativen Glaubensrichtungen nähergekommen bin und den meisten tolerant und offen gegenüberstehe. Dabei stelle ich immer wieder fest, dass sich zum Beispiel christliche und buddhistische Schwerpunkte sehr ähneln. Doch darauf weiter einzugehen, würde den Rahmen dieses Buches sprengen. Jedenfalls habe ich den Bezug zum Glauben bis heute erhalten.

Tatsächlich fand ich in meinen dunkelsten Momenten verstärkt zum Glauben zurück. Bevor ich therapeutische Hilfe in Anspruch nahm, hoffte ich jahrelang, dass die aufgepoppten Probleme durch Hoffen und Beten gelöst werden würden – also quasi von alleine und ohne mein Zutun. Doch ehrlich gesagt: Selbst mit größter Anstrengung hätte ich einfach nicht gewusst, was ich tun muss, damit es mir endlich bessergeht.

Mehrere Male suchte ich Zuflucht in Klöstern, teilweise mehrere Tage hintereinander. Das war für mich eine gigantische Erfahrung, zumal ich dort nicht nur andere Bedürftige, sondern in den Gesprächen mit überraschend weltoffenen Schwestern auch viel Trost und Verständnis fand. Einfach mal Zeit und Ruhe haben – um dem Hamsterrad an Verpflichtungen zu entfliehen und den lauter werdenden inneren Stimmen Gehör zu verleihen. Das war eine Wohltat – zumindest für einige Tage. Selbst wenn meine Genesung weder alleine durch das Baden in einer heiligen Atmosphäre noch durch die Teilnahme an den frühmorgendlichen Vespergottesdiensten mit Nonnengesängen erfolgt ist, so kann ich jedem Suchenden einige Tage Auszeit in einem Kloster empfehlen. Einem unruhigen Gehirn und Körper tut es kurzfristig auch gut, in einer leeren Kirche zu sitzen und der Stille zu lauschen, falls eine mehrtägige Kloster-Auszeit nicht in Frage kommt.

Es ist eine wundervolle Fügung für mich, dass ich meinen heutigen Praxisraum in einem ehemaligen Kloster habe, in dem sowohl der christliche als auch der fernöstlich geprägte Yoga-Geist herrscht.

Zurück zu meinen verknoteten Beinen und dem Therapieraum: Ich wollte schon immer wissen, was Meditation ist. Immer wieder hatte ich mangels Kenntnis behauptet, dass Joggen meine eigene Art von Meditation sei. In gewisser Weise gibt es tatsächlich Schnittpunkte, da es im Grunde darum geht, eine Methode einzuüben, die den Körper langfristig in einen Entspannungszustand bringen soll. Der Kopf soll bestenfalls von belastenden Gedankenschleifen befreit werden. Um es vorwegzunehmen: Für beides braucht man Ausdauer und Übung. So wie es beim Joggen auch eine Weile dauert, bis die Muskeln und die Lunge sich an die Anstrengung gewöhnt haben, so dauert es ebenfalls lange, bis Körper und Geist tatsächlich „frei" werden oder zumindest nicht ständig von denselben Sätzen und dem typischen Gedankenkreisen heimgesucht werden.

Bei meinen ersten ernstzunehmenden Meditierversuchen nervten mich hauptsächlich zwei Dinge: ständig neu einströmende Gedanken, z. B. was ich nach der Session alles zu erledigen hätte, und bohrende Fragen, die hauptsächlich mit einem Warum begannen. Begleitet wurde das Ganze durch ein ruheloses Hin- und Her-Eilen meiner Augen. Kurz gesagt: Meine ersten Versuche, während einer Meditation Entspannung zu erlangen, waren mehr als kläglich. Glücklicherweise hatte ich in der Klinik endlich eine Person, die mich anleiten und mich auf Hürden und eventuell auftretende Fallstricke vorbereiten konnte.

Die ersten Lektionen lernte ich erstaunlich schnell: meinem Atem lauschen, mein Gesäß auf dem Kissen spüren, die Energie der anderen im Raum aufnehmen. Von Mal zu Mal schaffte ich es immer zügiger, einen Entspannungszustand herzustellen und mein Gedankenkarussell langsamer laufen zu lassen.

Nur wenige Übungseinheiten später durfte ich dadurch meine wahrscheinlich bedeutsamste Lebenslektion lernen:

Schon lange spürte ich, sobald ich mich auf eine Ruhesituation einlassen konnte, immer wieder ein deutliches, fast schmerzhaftes Ziehen in meinem Herzen. Von Mal zu Mal schien es stärker und stärker spürbar zu sein. So oft fragte ich mich fast verzweifelt, was das zu bedeuten habe. Es fühlte sich an wie eine schier unstillbare Sehnsucht. Es war intensiver als das sehnsüchtige Gefühl, das ich bisher vom Vermissen eines geliebten Menschen kannte. Und doch spürte ich, dass es diesmal nicht um einen anderen Menschen ging, sondern ausschließlich mit mir selbst zu tun hatte.

Nach was – in aller Welt – sehnte ich mich denn?

In einer der folgenden Meditationsstunden wusste ich es schlagartig: Es war wie ein Ruf, der tief aus meinem Herzen kam: Es war die Sehnsucht nach wahrer Lebendigkeit und Echtheit.

Denjenigen, die jetzt das Buch lieber weglegen möchten, weil ihnen das auch etwas zu „spooky" und unglaubwürdig klingt, gebe ich mit: Ich bezeichne mich weiterhin als bodenständig und alltagstauglich.

Dennoch war dieser Moment wie eine Offenbarung: Es war die bewusste Entdeckung meines Herzens.

Ich wusste: Was aus meinem Herzen spricht, ist die Wahrheit über mein authentischstes Ich. Es war wie eine Erlaubnis, von nun an meinem Herzen folgen zu dürfen.

Gleichzeitig bedeutete das: Endlich darf ich meinen Gefühlen vertrauen.

Ich darf darauf bauen, dass mir meine Empfindungen die Wahrheit über meine Bedürfnisse sagen und mir ein Wegweiser sind.

Ich darf mich von ihnen führen lassen und nach ihnen handeln.

Und endlich wusste ich auch, was Meditieren heißt.

Im Nachhinein würde ich behaupten, dass das tatsächlich so etwas wie ein „erleuchtender Moment" war, der den entscheidenden Anstoß für meinen nachfolgenden Heilungsprozess gab.

Gleichzeitig zermarterte ich mir tagelang mein Hirn, wieso ich mein komplettes Leben lang dem Irrtum unterlegen war, dass alles, was ich bisher besonders intensiv gefühlt hatte, „bloß" irgendein Gefühl ist.

Mein altes Ich war vielleicht der Meinung, dass ein Gefühl nur eine dumme Reaktion meines Körpers sei, das sich manchmal zwar schön und angenehm anfühlte, aber viel zu oft einfach eher störend war und meistens für Probleme sorgte.

Im Hinterkopf hatte ich dabei all den Herzschmerz meiner Männer-Beziehungen. Offensichtlich hatte ich irgendwann entschieden, lieber weniger Schönes fühlen zu wollen – ohne Risiko, danach von einem großen Schmerz belästigt zu werden. Die unangenehmen Gefühle hatten in den letzten Jahren schleichend die Führung über die angenehmen übernommen, wenn ich an all die Todesfälle der letzten Zeit, Ängste, Panik, Resignation, schlechtes Gewissen, Konflikte und Stress in meinem Alltag dachte.

Wann hatte ich in der Zeit vor der Klinik zuletzt echte Freude gefühlt? Oder Unbeschwertheit und Lebenshunger?

Fadenscheinige Erinnerungen kehrten zurück in mein Bewusstsein: Eigentlich war ich früher eine optimistische und fröhliche junge Frau gewesen, die

- neugierig genug war, um Außergewöhnliches auszuprobieren,
- mutig genug, um sich aus ihrer Komfortzone herauszuwagen,
- ausdauernd genug, um sich neues Wissen anzueignen und fremde Sprachen zu lernen,
- geduldig genug, um sich auf verschiedenste Menschen einzulassen und ihren Worten genau zuzuhören.

Da tauchten wieder die Bilder abenteuerlicher Solo-Trips, zahlreicher Wanderreisen in und außerhalb des europäischen Kontinents auf, die von aufregenden Drehtagen als Komparsin und auch von Situationen mit ganz viel Kichern und haltlosem Lachen.

Urplötzlich fiel mir all das wieder ein, was mich einst glücklich und als Individuum ausgemacht hatte. Der Strom wollte nicht enden. Euphorie überkam mich und auch ein Quäntchen Stolz, das ich bescheiden sofort wieder wegwischte.

Wie hatte ich diese Krise nur zulassen können?
Schon als Kind hatte mir meine Mutter immer wieder gesagt: „Kind, du bist jetzt aber sicher müde" – ungeachtet der Tatsache, ob ich es tatsächlich war oder nicht. Dabei hätte diese Aussage meiner alleinerziehenden Mutter möglicherweise lauten müssen: „Kind, du hast jetzt (bitte, bitte) müde zu sein, damit ich mich endlich ausruhen und erholen kann."

Als Mutter zweier Kleinkinder konnte ich dies sehr gut nachvollziehen. Ich erinnere mich daran, als ich auf dem Fußboden neben dem Bettchen meines Sohnes saß und ihm meinen Finger (ähnlich wie bei *Hänsel und Gretel*) durch die Gitterstäbe reichte, damit das Kind endlich einschläft – was jedoch meist mehrere Anläufe brauchte. Sobald ich nämlich versuchte, die Tür vorsichtig von außen zu schließen, ertönte ein neuer Schrei. Das kann einen Menschen wirklich mürbe machen.

Somit soll diese Bemerkung keinesfalls als Schuldzuweisung gegenüber meiner Mutter zu sehen sein. Es ist ohnehin heilsamer, von Verantwortung und nicht von Schuld zu sprechen.

Was war also meine „größte Offenbarung", was waren meine bahnbrechenden Erkenntnisse aus dieser Meditation?

Erstens:
Meine überbordende Sehnsucht, das Ziehen in der Herzregion, war mein ungestilltes und vernachlässigtes Bedürfnis nach Lebendigkeit, Authentizität und Autonomie.

Zweitens:
Jedes Gefühl ist im Körper spürbar, wenn wir uns ihm bewusst zuwenden.

- Gefühle sind dazu da, um gefühlt zu werden. Es ist ihre Bestimmung.
- Gefühle dürfen als Kompass und Richtungsweiser für Entscheidungen gedeutet werden.
- Gefühle zeigen uns unsere größten Bedürfnisse, die gestillt werden wollen.
- Gefühle wollen ausgedrückt werden und brauchen ein Ventil.

Wer tief und wahrhaftig leben will, muss fühlen!

Grundsatzthemen und andere Aha-Momente

„So viele Gruppentherapien! Bitte nicht!" Das war die erste Reaktion, als ich am Abend meiner Ankunft den Wochenplan überflogen hatte. Wohlgemerkt: Vor meinem Einzug in die „Käseglocke" war ich extrem misstrauisch, was eine gemeinsame Therapie mit mehr als zwei Personen betraf.

Bereits nach der ersten Woche hatte sich meine sorgsam gehegte Überzeugung als waschechtes Vorurteil entlarvt: Ich war vollkommen überrascht, welche Vorteile eine Gruppe tatsächlich haben kann. Mehrmals wöchentlich kam ich in den Genuss davon. Die Betonung liegt auf Genuss. Fast ausnahmslos freute ich mich darauf und ließ möglichst keinen Termin aus.

Die Möglichkeit, deine Probleme vor ähnlich Betroffenen auszubreiten, ist aus mehreren Gründen ein Geschenk:
1. Zu spüren, dass du in deiner prekären Situation nicht alleine bist, entlastet ungemein.
2. Es gibt viele Parallelen im Umgang mit psychischen Erkrankungen; ähnliche Sorgen, Ängste und vermeintliche Peinlichkeiten. Wenn sie laut ausgesprochen werden, kann das unendlich beruhigend und befreiend sein.
3. Gleichzeitig herrscht eine große Solidarität und Hilfsbereitschaft untereinander. Nicht selten übernimmt ein Mitpatient aus Versehen die Funktion eines Co-Therapeuten, weil er bereits einen Schritt weiter auf dem Weg ist und weiß, wie und wo es langgeht. Das wiederum kann die Genesung auf beiden Seiten weiter begünstigen.

Als besonders heilsam empfand ich kurze gegenseitige Berührungen, ohne sexuelle Hintergedanken, einfach nur aus Wohltat. Offene Arme und ein spontanes Handauflegen an der Schulter können unermesslich Trost und Halt spenden.

Ein weiterer Pluspunkt: Falls etwas total daneben läuft oder du aus Versehen Dinge aussprichst, die dir hinterher eine dunkle Schamesröte ins Gesicht treiben, siehst du in der Regel keinen jener Zeugen außerhalb der Klinik wieder. Zudem hat ein kompetenter Therapeut ein Gespür dafür, wenn sich jemand zu sehr „nackt" macht und wird dies achtsam zu unterbinden wissen. Zu deinem eigenen Schutz. In dieser Quasi-Anonymität bleibst du somit vor einer vermeintlichen Blamage geschützt.

Meine Gruppentherapie fand in zwei verschiedenen Ausführungen statt: Es gab mehrere kleinere „Kerngruppen" mit maximal acht Personen, die jeweils einem bestimmten Bezugstherapeuten zugeordnet waren. Diese dienten dazu, aufgekommene Themen in einem geschützteren Rahmen zu besprechen.

Dann gab es die Großgruppe. Diese wurde stets vom Chefarzt und Klinikleiter durchgeführt. An manchen Tagen fanden in diesem Rahmen gruppentaugliche Selbsterfahrungsübungen statt, wovon ich vor allem die *Systemische Aufstellungsarbeit* nach Bert Hellinger (Psychoanalytiker und Familientherapeut, 1925-2019) hervorheben möchte. Dazu möchte ich eine kurze Definition geben, obwohl diese Art der Gruppenintervention den meisten mittlerweile bekannt sein dürfte:

„Bei der Familienaufstellung nach Bert Hellinger werden vom Aufstellenden beliebige Personen (möglichst Männer für Männer und Frauen für Frauen) aus dem Kreis der Anwesenden stellvertretend für Familienmitglieder räumlich so angeordnet, dass sie seiner Wahrnehmung der Familiensituation entsprechen. Die Veränderung der Sicht der Probleme des Klienten soll sich dann durch intellektuelle und emotionale Erkenntnisse aus einem ‚wissenden Feld' (...) vollziehen, die der Klient aus dieser Aufstellung und der (v. a. unmittelbaren und unbewussten) Reaktion der beteiligten Personen gewinnt."[7]

Mehrmals pro Woche standen innerhalb der Großgruppe Vorträge zu relevanten Themen rund um psychische Erkrankungen

---

7 www.systemstellen.org/wiki/familienaufstellung/bert-hellinger/

im Mittelpunkt. Diese sollten zu einem besseren Verständnis der psychiatrischen und (sozial-)psychologischen Zusammenhänge beitragen und wurden stets mit neuesten Kenntnissen aus der Wissenschaft fundiert dargelegt. *Psychoedukation* in der Großgruppe.

Einen Begriff hatte ich zuvor noch nie gehört: *Epigenetik*. Im psychologischen Sinn wird das auch als „Traumatisches Erbe" bezeichnet: *„Krieg, Genozid und Terror führen an der DNA zu Veränderungen, die psychische Störungen begünstigen können. Eltern geben diese an ihre Nachkommen weiter."*[8]

Der Chefarzt untermauerte das Thema mit faszinierenden Beispielen aus seiner klinischen Praxis. Gebannt hing ich an seinem Gesicht, während in meinem Hirn ein Licht nach dem anderen aufleuchtete.

Beinah schien ich körperlich zu spüren, wie sich eine Synapse mit der nächsten zu einem dichten neuronalen Netz an neuen Erkenntnissen verknüpfte. Es war, als würden sich plötzlich mehrere teils dick mit Staub bedeckten Puzzleteile meiner Ahnen und Urahnen zusammen mit meinen noch matt-glänzenden verbinden und ein Gesamtpuzzle bilden.

Gleichzeitig überkam mich ein starkes Gefühl von Bedauern, dass weder meine Eltern und erst recht nicht deren Eltern und Großeltern von dieser Erkenntnis hatten zehren können. Es hätte ihnen vielleicht einige Schmerzen erspart und manche Leidensphase verhindert oder verkürzt. Manche erlittenen Traumata wären nicht weitervererbt worden und hätten bei der Folgegeneration zu weniger Ratlosigkeit und ähnlich leidvollen Gefühlen führen müssen.

Das Wissen um die Epigenetik verhalf mir nun zu einem besseren Verständnis bisher ungeklärter Zusammenhänge. Immer wieder kam und kommt es seither in meinem Leben zu neuen Aha-Erlebnissen. Dies geschieht vor allem dann, wenn ich in scheinbar banalen Situationen völlig überzogene Reaktionen und übertriebenes Verhalten zeige.

8 www.spektrum.de/magazin/epigenetik-traumatisches-erbe/2071347

In den darauffolgenden Jahren hatte ich demnach schwer mit meiner Selbsterforschung zu tun. Ich wollte mir nach und nach die Ursachen meiner überbordenden Ängste erschließen. Obwohl das vor allem meine eigenen Erklärungsversuche waren, deren Gültigkeit letztlich nicht konkret nachzuweisen ist, erhoffte ich mir mehr Ruhe in meinem Herzen.

Es ging so: Sobald ein heftiges Gefühl wie aus dem Nichts auftauchte und daraus ein seltsames Verhalten entstand, fragte ich mich (oder meine Mutter) so schnell wie möglich, ob dies ein Gefühl sei, das ich der Gegenwart zuzuordnen hätte oder ob es womöglich ein „altes" Gefühl war, das im Prinzip gar nichts mit mir und meinem (jetzigen) Leben zu tun hätte.

Ich stellte mir zum Beispiel die Frage: Wieso gerät mein Körper schon beim ersten Ton eines Martinshorns – einer Sirene – in solchen Aufruhr und lässt mich in einen völlig überzogenen Panikzustand verfallen? Im epigenetischen Sinn – ordne ich sie meinen Großeltern zu, die als Kriegszeugen mit vielerlei realen Ängsten zu tun hatten: Angst vor Bombenangriffen, dem eigenen Tod, dem eines Angehörigen und vor dem Kriegsfeind. Ein Teil stammte sicherlich auch aus der Erfahrung mit dem verunfallten Jungen, zehn Jahre davor.

So kam ein ehrgeiziger Prozess ins Rollen, der bis heute anhält. Ich hoffe, dass ich damit rechtzeitig fertig bin, bevor meine Söhne eigene Kinder zeugen. Es wäre gut, wenn ich ihnen einige meiner Irrwitzigkeiten ersparen könnte.

Als eindeutig „epigenetisch beeinflusst" deute ich meine Angstattacken, als sich 2022 der russische Angriff auf die Ukraine ereignete. Geschwächt durch meine erste Corona-Infektion, lag ich im Gästezimmer meiner Mutter und konnte weder schlafen noch essen, geschweige denn ein erträgliches Maß an Ruhe herstellen. Zu jener Zeit träumte ich vermehrt die Träume, die mich seit meiner Kindheit immer wieder verfolgen: Flugzeuge stürzen vor mir auf die Erde und explodieren. Oder: Ich sitze selbst in einem Flugzeug, das sich unweigerlich und unaufhaltsam dem Boden nähert. Oder: Ich rette mich mit geducktem Kopf in einen

Raum, höre das Kreischen nahender Jets und fürchte Bomben von oben. Mein Unterbewusstsein ist da offensichtlich sehr kreativ.

In Gedanken kramte ich die Weisheiten meines Chefarztes heraus und interpretierte: Diese wiederkehrende Angst war eine „alte" Angst. Doch angesichts der neuen globalen Realität traf sie mich mit voller Wucht.

Ein anderer Begriff, der im Zusammenhang mit der *Epigenetik* steht, ist der *Trigger*. Die deutsche Übersetzung für Trigger ist „Auslöser", genauer gesagt „der Abzug einer Pistole": Die kleine Bewegung (eines Fingers) mit großer Wirkung (tödlicher Schuss). Dieses Wort wird seit einigen Jahren inflationär verwendet, selbst für scheinbar völlig harmlose Zustände: „Das triggert mich" oder „ich fühle mich getriggert" – diese Sätze lösen bei mir mittlerweile genervtes Augenrollen aus.

Auch hier fällt mir ein eigenes Beispiel zur Verdeutlichung ein: In einer Gruppensitzung saß eine junge Frau neben mir, die erst kurz zuvor angereist war. Ich gehörte mittlerweile zu den „erfahrenen Insassen", weshalb ich mir nichts dabei dachte, als ein Pfleger zur Tür hereinkam und die junge Frau mit ernstem Gesicht bat, mit ihm nach draußen zu kommen. Der Versuch, möglichst unauffällig zu bleiben, scheiterte an seiner Gesichtsmimik.

Wenige Sekunden danach hörten wir von draußen einen schrillen Verzweiflungsschrei, der keinen kalt lassen konnte. Soweit ich das in der Rückschau beurteilen kann, gab es besorgte Reaktionen, dennoch waren die meisten schnell wieder im vorherigen Modus.

Ganz im Gegensatz zu mir: Der Schrei hatte mich regelrecht erstarren lassen. Ich saß mit einem Gefühl von „Watte im Kopf" regungslos auf dem Stuhl, der nicht mir zu gehören schien.

Was war passiert?

Als ich mich wieder unter Kontrolle hatte, bemühte ich mich, den Anwesenden mein übertriebenes Verhalten zu erklären: Der Schrei hatte meinem Hirn sofort Bilder eingespielt; wieder von dem Unfall, als der Kindergartenkumpel meines Sohnes zu Tode kam. Hatte ich damals tatsächlich einen ähnlichen Laut der Mutter gehört, als diese ihr Kind am Straßenrand gesehen hatte? Hatte ich das verdrängt? Im Zusammenhang von Traumata sagt man auch „dissoziiert"[9].

Unser menschliches Unterbewusstsein ist so schlau, dass es uns immer wieder an traumatische Situationen erinnert. Nach sehr schwerwiegenden Traumata, wie z. B. bei der PTBS[10] oder der KPTBS nennt man diese unvermittelt wiederkehrenden Erinnerungen *Flashbacks* oder *Intrusion*. Das passiert mitunter so lange, bis wir bereit sind, auf Verdrängungs- oder Betäubungsversuche, z. B. durch Eigenmedikation, zu verzichten und uns unseren schmerzhaften Gefühlen zu stellen.

Tun wir das nicht, können sich die unverarbeiteten Emotionen ein anderes Ventil suchen und sich im Körper festsetzen. Die Folge können Beschwerden im Bewegungsapparat, Verspannungen, diffuse Schmerzen, Herz-Kreislaufprobleme und auch Depression, vermehrte Ängste bis hin zu Panikattacken sein. Nach dem ICD10/ICD11 gibt es sogar eine Unterform der Depression: die sogenannte *larvierte Depression*, die sich z. B. lediglich über körperliche Beschwerden ausdrückt und deshalb oft nicht als psychisches Problem erkannt wird.

Die Wissenschaft rund um psychosomatische Erkrankungen wie z. B. *Asthma bronchiale*, Magen- und Darmerkrankungen, Neurodermitis, Schilddrüsenerkrankungen u. a. hat diese Zusammenhänge längst erforscht. Die Verdrängung von traumatischen Erlebnissen ist also in der Regel nur auf unbestimmte Zeit möglich.

Der Schrei war mein Trigger, mit dem mich mein schlaues Unterbewusstsein knallhart an den Unfall erinnert und meinen Körper in den gleichen Alarmzustand wie damals versetzt hat.

Wieso hatte mein Körper das ins Unterbewusstsein verbannt? <u>Vermutlich, weil</u> ich zur damaligen Zeit nicht in der Lage war,

9 www.therapie.de/psyche/info/index/diagnose/dissoziative-stoerungen/artikel/
10 www.msdmanuals.com/de-de/profi/psychiatrische-erkrankungen/anst-und-stressbezogene-erkrankungen/posttraumatische-belastungsst%C3%B6rung-ptbsfamileinurlaub

dies angemessen zu verarbeiten. Die Erfahrung war zu schmerzhaft. Somit hat mein schlaues System die Kontrolle an sich genommen, um mich, meinen Körper, meinen Geist und meine Seele instinktiv vor zu viel Schmerz zu schützen. Ist das nicht ein kluger und fairer Schachzug?

Das bestätigt meine Überzeugung: jedes Gefühl kann ein Zeichen dafür sein, dass gerade etwas im Argen liegt, dass etwas unausgesprochen oder unverarbeitet geblieben ist.

Gelobt sei, was stark macht – Angstdämonen

Um mir die Inhalte für meine Prüfung zur Heilpraktikerin für Psychotherapie besser zu veranschaulichen, pflasterte ich meine Bürowände mit riesigen Papierbahnen. Jedes einzelne Thema war darauf in verkürzter Form dargestellt. Den größten Raum nahm dabei das Thema *Angststörungen* ein. Das lag vermutlich daran, weil ich darüber selbst am meisten lernen wollte. Beim Durchforsten der Fachliteratur, Foren und Karteikarten ist mir irgendwann wie das Wetterleuchten in den Bergen aufgegangen: Ich bin eine Betroffene – ich selbst habe schon seit Jahrzehnten eine Angststörung. Nicht erst, seit sie mir offiziell diagnostiziert wurde. Je tiefer ich in den Lernstoff eintauchte, umso mehr Situationen aus meiner Kindheit und Jugend poppten auf, in denen ich heftige Körperreaktionen bei einer Angstattacke bekommen hatte. Es waren oft sehr unangenehme Erlebnisse, deren Folgen, z. B. Scham und Vermeidungstendenzen, bis weit in mein heutiges Erwachsenenalter hineinreichen.

Ich erinnere mich an eher harmlose Vorfälle, wie z. B. an meine Angst vor Türmen, die mitten im Wald stehen. Als ich eines Nachmittags aus Versehen vor dem Wasserturm im Wald meiner Heimatstadt stand, löste die kalte Angst sofort einen Fluchtreflex bei mir aus. Mein besorgter Großvater musste damals eine sportliche Höchstleistung vollbringen, als er hinter meinem Kinderfahrrad herrannte, um mich zu bremsen.

Eine weitere Situation, an die ich mich bewusst erinnere, war die Übernachtung bei einer Freundin. Ich dürfte so ungefähr zehn Jahre gewesen sein, als mich mitten in der Nacht einer dieser „Angstdämonen" heimgesucht hatte. Mich überkam – zunächst schleichend – ein stärker werdendes unangenehmes Gefühl, eine Art Sehnsucht oder Heimweh, das im Laufe von wenigen Minuten bis zu einem panikartigen Zustand heranwuchs. Ich drängte darauf, jetzt sofort nach Hause zu meiner Mutter zurückgebracht zu werden. Jeglicher Beschwichtigungsversuch der Eltern meiner damaligen Freundin schlug fehl. Da mein Zustand beängstigende Ausmaße angenommen hatte, kapitulierten sie und brachten mich mitten in der Nacht zurück in das nur wenige hundert Meter entfernte Zuhause. Am nächsten Tag war mir das Ganze peinlich, doch viel stärker war die Verunsicherung. Ich konnte selbst nicht begreifen, was mich da geritten hatte.

Unschwer zu erraten: die Wahrscheinlichkeit, dass mir etwas Ähnliches bei der nächsten Übernachtung bei einer Freundin passieren könnte, war hoch. Deshalb hatte ich zum ersten Mal Angst davor, dass mich dieses unangenehme Gefühl ein zweites oder gar drittes Mal einholen würde. Und Sorge, dass die Eltern meiner Freundinnen irgendwann keine Lust mehr hätten, mich als Übernachtungsgast zu dulden. Diese *Angst vor der Angst* ist typisch bei Angststörungen. Doch es sollte noch Jahrzehnte dauern, bis ich begriff, dass es für meine Attacken offensichtlich Gründe gab. Es wäre mühsam, nach dieser langen Zeit nach Ursachen zu suchen, doch ahne ich, dass die Auslöser damals und heute ähnlich waren.

In den folgenden Kindheits- und Jugendjahren blieben „die Dämonen" weitestgehend still. Meine Mutter interpretierte diese als pubertätsbedingte Ausnahmen. Ich glaubte ihr. Und so fasste ich wieder Vertrauen in meinen Körper.

Als ich in der 10. Klasse war, wollte ich nach England, zu einem Schüleraustausch. Zum ersten Mal dermaßen weit von zu Hause weg? In einer fremden Familie. Allein. Übernachten? Ich war hin- und hergerissen zwischen Sorge und meiner Lust, etwas ganz Neues und Aufregendes zu erleben. Ich wollte nicht nur meine Mutter und meine Geschwister, sondern auch mich selbst stolz machen. Einer der vielen Sprüche meiner Mutter lautet: „Gelobt sei, was stark macht."

Und so fuhr ich für zehn Tage nach Watford in Südengland – im Gepäck zehn kleine homöopathische Pillchen, für jede Nacht eine. An dieser Stelle muss ich klarstellen, dass sowohl in meiner damaligen als auch in meiner heutigen Familie nur im äußersten Schmerznotfall Medikamente verabreicht werden. Hausmittel, Kamillentee und Schlaf waren stets die erste Wahl. Wenn das Fieber zu lange anhielt, bekamen wir als Trostpflaster Baby-Brei aus dem Glas und eine teure glibbrige Vitaminpaste aus der Apotheke verabreicht – lecker. Manchmal wäre ich deswegen lieber länger krank geblieben.

Zurück nach England in ein Mini-Zimmerchen mit Plüsch und Stoffornamenten an den Wänden: „Ein Dämon" schaute nur in der ersten Nacht kurz vorbei. Bevor er mir zu nah kommen konnte, schluckte ich prophylaktisch eines der Kügelchen. Die Enttäuschung über mich selbst hielt sich in Grenzen.

Und so traten wenige Tage später die verbliebenen neun Kügelchen mit mir die Heimreise nach Deutschland an. Im unsichtbaren Gepäck: jede Menge unvergessliche Erfahrungen und Bilder aus London, den *Cliffs of Dover* und eine große Dosis Selbstbewusstsein. Zusätzlich kassierte ich bei meiner Rückkehr neun D-Mark – pro Pille eine Münze –, die mir meine Mutter zur Belohnung ausgesetzt hatte. Was für ein Triumph!

Geld war damals ein hoher Motivationsfaktor für mich, aus gutem Grund. Meine Eltern setzten Prioritäten: Bildung durch Bücher, ein Musikinstrument lernen, eine Sportart ausüben und auf jeden Fall ein längerer Urlaub pro Jahr. Diesen verbrachten wir in kostengünstigen Unterkünften auf Bauernhöfen, in Familienferiendörfern oder kleinen Ferienwohnungen, im Allgäu oder am Bodensee. Dazwischen gab es kurze Auszeiten bei unserem Vater, im Schwarzwald oder an der Nordsee. Die Urlaube waren schön. Da wir Vollverpflegung und ausreichend Spielgefährten hatten, fehlte uns nichts.

In meiner ersten Studenten-WG verschluckte ich mich in der Dusche an einem Wassertropfen. Ich bekam keine Luft mehr und konnte nur noch denken: „Das fühlt sich an, als säße ich in einem abstürzenden Flugzeug. Sterbe ich jetzt?"

Vermutlich war das die Geburtsstunde meiner übertrieben großen Angst vor dem Ersticken. In meinen anschließenden

Erste-Hilfe-Schulungen passte ich bei diesem Thema besonders gut auf und wachte später mit Argusaugen darauf, meinen kleinen Söhnen nur Apfel- oder Karottenstücke zu verabreichen, die auf jeden Fall durch die Luftröhre rutschen könnten. Eltern wissen: Kleine Kinder bekommen häufig etwas „in den falschen Hals", weshalb ich bei jedem Hustenanfall, vor allem bei den nächtlichen Pseudo-Kruppattacken, alarmiert war.

2002 reiste ich, kurz nach den Anschlägen auf das World-Trade-Center, nach Ecuador. Die Flugangst hatte mich voll im Griff und zusätzlich die Sorge, von einem verrückten Fanatiker entführt und in ein Hochhaus gelenkt zu werden. Doch die Faszination der Freiheit und die Reiselust waren stärker. Heute fliege ich recht entspannt, mit der Angst im Fluggepäck, weil ich Techniken gelernt habe, die ich im Notfall anwenden kann.

Über meine Hypochondrie habe ich bereits ausführlich berichtet. Sie schwelte bis zu ihrem späteren Auftritt während meiner Psychokrise jahrelang tief in mir drin.

Fehlt noch eine weitere Unterform der Angst, die ich bis heute nicht ganz abgelegt habe. Ich arbeite fleißig daran, weil sie mir zunehmend auf die Nerven geht:

Heimlich eingenistet hat sie sich vermutlich in meiner Zeit am Gymnasium. Seitdem überfiel sie mich vor allem in Prüfungssituationen, bei Referaten oder bei Musikauftritten mit der Querflöte – ich wusste nicht, wie ich das ändern könnte und nahm die Tortur stillschweigend in Kauf. Vor jedem Auftritt konnte ich kaum schlafen. Kurz davor war ich wie fremdgesteuert, stand mit zitternden Schweißhänden und furchtbarem Herzrasen vor meinen Zuschauern. Meistens lobten sie mich hinterher, wie „souverän" und „cool" ich geredet oder Flöte gespielt hätte. Ich selbst dachte immer nur: „Wenn ihr wüsstet."

Es war kein normales adrenalingesteuertes Lampenfieber. Im Rahmen meiner Heilpraktikerprüfung lernte ich, dass das *Soziale Phobie* heißt – in meinem Fall war sie eher schwach ausgeprägt. Die damit zusammenhängenden Körpersymptome erwischten mich bei Vorstellungsrunden, in denen ich höchstens meinen Namen hervorbrachte und danach gequält lächelnd und mit klopfendem Herzen irgendetwas aus meinem Hirnnebel Entstandenes hervorstotterte. Jedes einzelne Referat, jeder Vortrag vor mehr als drei Personen, war eine Qual. Letztlich war es kein Wunder, dass ich beim ersten Anlauf durch die mündliche Prüfung meines Nebenstudienfachs rasselte, weil ich so blockiert war.

Als ich im Rahmen meines Therapieprozesses nach einer möglichen Ursache suchte, fand ich mich gedanklich in den Chemiestunden eines – aus meiner Sicht – sadistisch anmutenden Lehrers wieder, der genussvoll mit seinem Zeigefinger die Schülerliste in seinem kleinen Notenbuch hoch und hinunterfuhr, bis er an einer Stelle stoppte. Noch heute höre ich seine hämische Stimme meinen Namen aussprechen, und sah, wie er sich grinsend die Hände rieb: „Na, dann nehmen wir mal wieder die Renate dran." Mir stockte der Atem. Wie in Trance lief ich nach vorne an die Tafel – inhaltlich meist gut vorbereitet – und brachte kaum einen sinnvollen Satz heraus. Stattdessen sah ich – hilflos de-realisiert – in zwanzig starrende Gesichter, die teilweise ein Grinsen zu unterdrücken versuchten oder sich gar nicht erst die Mühe machten und laut lachten.

Das war also der grobe Überblick über meine Angst- und Panik-Karriere. „Gelobt sei, was stark macht".

Heute fühle ich mich stark!

Es gibt einen Weg

Gab es eine logische Konsequenz, dass bei mir mit Mitte vierzig das „berühmte Fass" übergelaufen war? Dass meine Seele endlich die Nase voll hatte? Ich glaube, dass mir mein Unterbewusstsein diese unsäglichen Panikattacken geschickt hat, damit ich endlich lerne, mit meiner Angst umzugehen.

Heute bin ich lebensverändernde Schritte weiter: Nachdem ich mich durch die Kapitel der Fachbücher geackert hatte, kannte ich die Hintergründe von Angststörungen. Ich wusste, dass es viele unterschiedliche Arten gibt und dass sie sehr gut therapierbar sind.

An dieser Stelle ist wieder ein wenig Theorie nötig: Angst kennt jeder und ist evolutionär gesehen elementar wichtig für unser Überleben. Angst (vor einer gefährlichen Situation wie z. B. einem Ur-Tiger) ermöglicht uns drei Reaktionen: Flucht, Erstarrung oder Kampf.

Offensichtlich gab es für mich in der Vergangenheit – aus fehlendem Wissen – nur zwei von drei möglichen Reaktionen, um meine akute Angst in den Griff zu bekommen: entweder ich erstarre vor Ohnmacht (*freeze*) und wartete unendliche Momente, bis der Anfall vorbei war oder ich floh (*flight*) aus der Situation hinaus und noch weiter weg in die Vermeidung. Wie ich mittlerweile weiß, sind das die beiden ungünstigsten Reaktionen. Der gesündeste Umgang mit der Angst ist, sie anzunehmen, sich nicht von ihr kontrollieren zu lassen und Wege zu lernen, sie in den Griff zu bekommen (*fight*).

Ein Weg aus überbordender Angst ist möglich, damit meine ich jene, die den eigenen Alltag massiv einschränkt, Scham und Schuldgefühle auslöst, in die Isolation treibt und Lebensfreude verhindert. Einige praktische Lösungen, die mir noch heute immer wieder helfen, sind am Ende des Buches abgedruckt. Mittlerweile gibt es im Internet auch zahlreiche Coaches, die Übungen und Tools vorstellen.

Wer jetzt aufmerksam gelesen hat, ist vielleicht über die beiden Wörtchen „noch heute" gestolpert. Wie? Bin ich – Renate – etwa nicht „geheilt"? Wozu dann dieses Buch? Ein falsches Versprechen? Betrug? Nein.

Jeder kann in den *Teufelskreis der Angst*[11] geraten und eine Angststörung entwickeln. Allerdings gibt es Menschen, die schneller hineingeraten als andere und die Angstreaktion schlechter unter Kontrolle haben. Sie haben ungünstigere Voraussetzungen, die Wissenschaft sagt, sie sind verwundbarer (*vulnerabler*).

Den „Ausbruch" einer Angsterkrankung könnte man als das Überschreiten einer Schwelle erklären, ab der die Angst von dem Betroffenen nicht mehr bewältigt und kontrolliert werden kann. Die Schwelle wird erreicht und überschritten, wenn die Belastungen größer als die Verarbeitungsmöglichkeiten sind.

In unserer Gesellschaft sind viele *vulnerabel* und Angststörungen sind weit verbreitet. Das liegt zum Teil sicher an unserem ungünstigen Lebenswandel und den heutigen globalen Krisen. Doch auch die damalige Lebenswirklichkeit unserer Eltern kann Einfluss haben. Aufgrund der Epigenetik wissen wir, dass sich Ängste und Panik weitervererben können.

Angststörungen sind gut therapierbar. Meistens wird die *Kognitive Verhaltenstherapie* (KVT) angewendet. Eine KVT gehört zu den *Richtlinientherapien*, deren Kosten von den Krankenkassen übernommen werden.

Und es gibt Techniken, mit denen Panikattacken aufgehalten werden können. Noch wirkungsvoller ist es, seinen Alltag so zu gestalten, dass sie erst gar nicht entstehen und langfristig keine Chancen mehr haben.

Es gibt also einen Weg – aus der schlimmsten lähmenden Angst zu einem Leben mit wenig oder einer gut erträglichen Angst zu gelangen. Mein Weg ist nur einer von vielen möglichen. Ich bin ihn aktiv gegangen und habe mehr Gelassenheit und Ener-

---

11 www.angstselbsthilfe.de/wissen/ursachen/entstehung-angststoerung/der-teufelskreis-der-angst/

gie dazu gewonnen. Zu lernen, wie ich meine Angst bewältigen kann, hat mir den Antrieb zu anstehenden Veränderungen und längst überfälligen Entscheidungen gebracht. Sich einer stationären oder ambulanten Psychotherapie zu stellen, erfordert Mut, der sich langfristig definitiv auszahlt.

Mein Ziel ist es nicht, ein Leben frei von Angst zu kreieren, sondern es ist die Kunst, sie anzunehmen, ihr mutig aus der Komfortzone heraus zu folgen und sie zu beherrschen.

Hinter vielen Ängsten stecken traumatische Erfahrungen aus der Kindheit und ungünstige Annahmen, die wir geerbt haben. Doch sehr oft finden wir die Ursachen in einem mangelnden Selbstwertgefühl. Deshalb ist es auch so wichtig, den eigenen Selbst-Wert zu erkennen und zu steigern sowie Ressourcen in sich selbst und im Umfeld zu entdecken und zu stärken.

Ein Leben ganz ohne Angst ist utopisch und wäre zudem viel zu riskant, weil wir dann kein Alarmsignal hätten, das uns rechtzeitig vor Gefahren warnt. Die Angst an sich ist nicht lebensgefährlich, sie zu verdrängen eher.

Hallo, meine Kleine

Spätestens seit Stefanie Stahls Bestseller *Das Kind in dir muss Heimat finden* ist das *Innere Kind* vielen Erwachsenen ein Begriff. Ich habe mir das Buch 2015 gekauft – mein persönlicher Prozess war bereits angestoßen und trieb mich auch im Urlaub Tag und Nacht um. Damals standen mir die in diesem Buch beschriebenen Prüfungen des Lebens noch bevor. Ich hatte mich bereits auf die Suche nach Antworten begeben. Da war eine unterschwellige Wut in mir, verbunden mit Gereiztheit und dem unbändigen Drang, endlich mal wieder Zeit nur für mich selbst zu haben. Der morgendliche Balkon-Kaffee als Mama-Auszeit genügte mir schlagartig nicht mehr. Im Urlaub kündigte ich meinen drei Männern bereits morgens an, dass ich auf jeden Fall Zeit zum Malen oder Lesen brauchen würde. Ich bemühte mich, das möglichst überzeugend auszudrücken, doch manchmal verfiel ich dabei in einen kindlichen trotzigen Tonfall – nur noch das Stampfen meiner Beine auf den Boden schien zu fehlen.

Ich begab mich meist sofort in einen Kampfmodus oder zumindest in eine Rechtfertigungshaltung.

Was wollte ich damit eigentlich beweisen? Dass ich auch Rechte hatte? Eigentlich wollte ich doch nur Verständnis bekommen.

Stahls Bestseller mutierte innerhalb weniger Stunden zu einem Exemplar aus unzähligen bunten Mini-Post-its, so dass die einzelnen Seiten kaum mehr sichtbar waren. Mit völlig überanstrengtem Gehirn versuchte ich ein Aha-Erlebnis nach dem anderen zu sortieren und mit meinen Kindheitserinnerungen in Einklang zu bringen. Ich fertigte mehrere Listen mit per Hand abgeschriebenen Glaubenssätzen an, die aus meiner Sicht auf mich zutreffen könnten.

So bekam ich erstmals etwas von der Existenz eines kleinen Wesens innerhalb meines Erwachsenen-Ichs mit. Doch bis ich ihm wahrhaftig begegnet bin, dauerte es noch vier herausfordernde Jahre und mehrere Klinikwochen:

Ein Auftrag in der Gruppen-KBT-Stunde lautete: „Richte dir einen Platz ein, wo sich dein *Inneres Kind* wohlfühlen würde." Alle sollten sich spontan das Alter ihres jeweiligen Kindes vorstellen. Als ich zum ersten Mal mit meinem *Inneren Kind* in Kontakt kam, war es ungefähr acht Jahre alt – ein Altersunterschied von mehr als 39 Jahren.

Als Basis diente eine grüne Matte, die den Garten meiner Kindheit symbolisieren sollte. Es war derselbe, in dem ich auf einem Kirschbaum herumkletterte und die Früchte gemeinsam mit meinen Cousins der Steine entledigte. Meine nackten Schenkel wirkten dabei, als wären sie knapp einem Blutbad entkommen.

Unermüdlich schleppte ich weitere Objekte an; ein Springseil, einen Hoola-Hoop-Reifen und eine Singröhre als Zeichen meiner kindlichen Spielfreude. Ein Sandsack stand für unzählige Sandburgen, ein weißes Tuch und ein Tennisball fügten sich zu Erinnerungen an Karate-Übungen und Ballspiele mit meinem Bruder zusammen. Dazu legte ich einen Stift, der stellvertretend für jenen selbstverlorenen Zustand war, in dem unzählige bunte Kunstwerke an meinem kleinen heimischen Schreibtisch entstanden sind. Kurz vor Schluss hielt ich inne: Was fehlte noch? Ich entschied mich für einen großen Stoffhund. Mein Vater hatte mir einst einen ähnlichen geschenkt. „Lumpi" war eines meiner schönsten Geschenke gewesen. Erschöpft trat ich zurück und betrachtete mein buntes Sammelsurium.

Plötzlich überkamen mich zwei Erkenntnisse: Meine Kindheit war durch sehr viele Phasen des Alleinseins und zu einem großen Teil männlich geprägt.

Wie konnte das sein? Ich lebte doch auch mit meiner Mutter und meinen beiden Schwestern zusammen. Wieso tauchten sie nirgends auf? Ich konnte meine innerliche Berührung nicht mehr leugnen.

Aus diesem Gebilde sprach auch ganz viel Freiheit, Spiel- und Bewegungsfreude und Unbeschwertheit. In meiner Brust zog es plötzlich stark – es war ein ähnliches Sehnsuchtsgefühl, das ich während meiner Meditation verspürt hatte. Schlagartig wurde mir bewusst, was mir in meinem Leben fehlte: Leichtigkeit, Lebensfreude und Abenteuer.

Die KBT-Übung beschäftigte mich tagelang.

Kurz darauf wurde ein Mitpatient verabschiedet: Jede Person, welche die Klinik in Richtung Heimat verließ, durfte sich in der letzten Therapiestunde eine bestimmte Übung wünschen. Er wählte das Ritual „Gruppenumarmung". Was für Außenstehende seltsam und fremd klingen mag, erfüllte innerhalb des Klinikalltags eine wichtige Funktion: Das spontane Umarmen untereinander war Balsam für schlechte Tage, heimlicher Tränentrockner und mitfühlendes Trostpflaster nach einer schmerzhaften Erfahrung. Es war das letzte Mittel, das aus einer Ohnmachtssituation befreien und einem die Kontrolle und das Gefühl wiedergeben konnte: Ich bin nicht allein!

Eine ehrliche Umarmung – bewusst ausgeführt und länger andauernd als fünf Sekunden – kann die reinste Magie sein! Erst recht, wenn man dabei den Atem loslässt und gleichzeitig die Muskeln entspannt.

Tatsächlich gibt es dafür eine nüchterne wissenschaftliche Erklärung: Werden wir umarmt, schüttet unser Körper Glückshormone aus. In diesem Fall entfaltet das sogenannte „Kuschelhormon" *Oxytocin* diese beruhigende und wohltuende Wirkung. Sie verhilft uns, Stress abzubauen und dabei auch noch zwischenmenschliche Bindungen zu stärken.

Eine Umarmung kann eine wahre Wunder-Medizin gegen Angst und Stress sein. Die amerikanische Psycho- und Familientherapeutin Virginia Satir (1916-1988) hat angeblich einmal gesagt: „Wir brauchen vier Umarmungen pro Tag zum Überleben, acht Umarmungen pro Tag, um uns gut zu fühlen, und zwölf Umarmungen am Tag zum innerlichen Wachsen."

Worin bestand also der Zusammenhang zwischen heilsamen Berührungen und meinem *Inneren Kind*? Innerhalb meines Heilungsprozesses stellte ich fest, dass die meisten Erwachsenen emotionale Defizite haben: Viele aus der Eltern-Generation der heute über Fünfzigjährigen sind in einem Umfeld aufgewachsen, in dem offene Gefühlsbekundungen oder der Austausch von Umarmungen keinen oder wenig Platz hatten. In einem Artikel der „taz" berichtet der Verfasser über das Gefühl der Gleichgültigkeit im Zusammenhang mit „Kriegsenkeln" („Das Kriegsenkelsyndrom", taz-Kolumne von Uli Hannemann, 26.1.2021). In kriegsdurchschüttelten Ländern musste man funktionieren, um die Familie zusammenzuhalten, um zu überleben. Und man musste unentwegt arbeiten, um sich selbst durch Arbeit von den oft unerträglichen Erinnerungen und Schreckensbildern abzulenken.

Auch im Zusammenhang mit Traumata spricht man häufig von emotionaler Kühle – schmerzhafte Gefühle aufgrund traumatischer Erlebnisse werden vielfach abgespalten. Aus Angst, diesen Schmerz (erneut) fühlen zu müssen, ziehen die Betroffenen lieber Vermeidungsstrategien vor. Der Begriff der *Vermeidung* gilt nach dem psychoanalytischen Ansatz von Sigmund Freud (Begründer der Psychoanalyse, Arzt, Neurophysiologe, Tiefenpsychologe, 1856–1939) als eine seiner bekannten *Abwehrmechanismen*.

Und auch die *Regression* gehört dazu, bei der ein Mensch in eine frühere Entwicklungsphase zurückfällt, und zwar als Reaktion auf Stress, Angst oder andere Belastungen.

In einer Psychotherapie kann die *Regression* gewollt sein und wird manchmal in Rollenspielen (dominanter Vater versus wütender Sohn) provoziert, um unbewusste Konflikte, Ängste und Blockaden aufzudecken und diese mit behutsamer Unterstützung durch den Therapeuten zu bearbeiten.

Stefanie Stahl spricht in ihrem Buch vom inneren Anteil des „Schattenkindes", das von dem beobachtenden Erwachsenen-Ich mitfühlend „umarmt" werden darf. Um tiefer in diese Thematik einzusteigen, empfehle ich, das Buch nicht nur zu lesen, sondern auch die Übungen praktisch durchzuführen.

In der oben beschriebenen KBT-Stunde begegnete ich beiden Anteilen: meinem „Sonnenkind" (= kindliche Freiheit und Leichtigkeit) und auch meinem „Schattenkind" (= Defizit an väterlicher Zuwendung und Berührungen).

Die Begegnung mit der „kleinen Renate" war ein berührender Glücksfall für mich. Die Tatsache, dass sie auch weiterhin in meinem Leben sein darf, hilft mir, mich mit starken Gefühlen besser auseinandersetzen und mich besser zu verstehen, z. B. an Tagen, an denen ich mich selbst nicht wiedererkenne, wenn ich meinen Mann oder meine Söhne scheinbar grundlos „angifte" oder wie Rumpelstilzchen mit dem Fuß auf den Boden stampfen möchte.

Mein *Inneres Kind* ist mein therapeutischer Spiegel, der mir dabei hilft, mich selbst fürsorglich und liebevoller behandeln zu können. Welche Bereicherung!

Ein Hauch von Heilung – Blick über den Klinikrand

In der fünften Woche meines Klinikdaseins beschäftigte mich zunehmend der Übergang von der „Käseglocke" zurück in meinen Alltag. Ich war besorgt, weil ich nicht einschätzen konnte, wann und ob ich – wirklich – so weit sein würde, um die neuen und alten Herausforderungen in meinem Zuhause bewältigen zu können. Zu jener Zeit fühlte ich mich dem Abschied in keiner Weise gewachsen. Doch als das endgültige Entlassdatum in den Ring geworfen wurde, blieb mir nichts anderes übrig, als mich aktiv damit auseinanderzusetzen.

Ich forderte mich selbst heraus, indem ich kleinere Außer-Haus-Aktionen startete. So stattete ich der Kunstgalerie mit ihrer neuen Ausstellung einen weiteren Besuch ab. Ich lauschte einem Vortrag im Kurhaus, über mein Sehnsuchtsziel Afrika, und nahm an einem Mini-Tanzkurs einer Tanzschule im Nachbarort teil.

Ich übte mich darin, wieder vermehrt Kontakt zu fremden Menschen zu suchen, die sich die ganze letzte Zeit auf der „anderen Seite" bewegt hatten, genau dort, wo ich in Kürze gerne auch wieder stehen würde. Doch noch erschien mir das gnadenlos schwierig.

Eine Mischung aus Euphorie und Vorsicht stellte sich ein, als ich nach so langer Zeit wieder ein öffentliches Verkehrsmittel betrat. Schon alleine das Studieren des Fahrplans ließ mich fast wieder den Rückzug antreten.

Wohlgemerkt: Das Fahren mit öffentlichen Verkehrsmitteln aller Art, sei es in Deutschland, Europa, Südamerika oder in den USA, hatte mir war vor meinem gesundheitlichen Einbruch noch nie Angst eingejagt. Im Gegenteil: Ich habe unzählige Bücher in Zügen und Bussen gelesen, seitenweise Prüfungsstoff durchgekaut und Gespräche mit Mitreisenden geführt. Ich konnte stundenlang auf die vorbeirauschende Landschaft blicken, meinen

Gedanken nachhängen und dabei nicht selten Problemlösungen entwickeln.

Anders verhielt es sich beim Fliegen: Bis zu den Anschlägen im September 2001 konnte ich eine Reise mit dem Flugzeug als notwendiges Übel in Kauf nehmen. Die Lust auf neue Abenteuer in unbekannten Ländern überlagerte meine Bilder all jener Horrorszenarien, die ich irgendwann einmal in Filmen verinnerlicht hatte. In den 1990er-Jahren bekam ich sogar die einmalige Gelegenheit, einige Stunden im Cockpit mitzufliegen, ließ mir Gewitterfronten erklären und den Bodensee von oben zeigen. Noch nie zuvor hatte ich mich über den Wolken so sicher gefühlt wie bei diesem Flug, umrahmt von zwei Piloten, die keinen Zweifel daran ließen, jede Situation im Griff zu haben.

Mit den Bildern der einstürzenden *Twin-Towers* änderte sich das schlagartig: die Möglichkeit, sich während des Fluges durch Spielfilme oder das Verfolgen der Reiseroute auf dem Bildschirm abzulenken oder sich mit Rotwein „einzuschläfern", schien nahezu ausgelöscht. Auf meinem Flug nach Ecuador habe ich über dreißig Stunden keine einzige Minute geschlafen.

Bei jedem Geruckel oder der Veränderung eines Motorengeräusches stieg ein unangenehmes panisches Gefühl aus der Magengegend hinauf und mein Pulsschlag beschleunigte sich sofort. Ich suchte die Augen der Stewardessen und bildete mir ein, dass die Fröhlichkeit und Unbekümmertheit in ihrer Mimik sicherlich während ihrer Ausbildung perfekt einstudiert worden waren, um Ruhe auszustrahlen. Ich fragte mich, ob die Flügelbiegung wirklich normal sei und sah in jedem Mann mit Turban oder Kopftuch einen potentiellen Attentäter, der unter seinem Kaftan ein Messer mordbereit verbergen würde. Und überhaupt: War genügend Sauerstoff in der Kabine?

Bis ich in die erlösenden Atemtechniken und in die Kunst der *Progressiven Muskelentspannung* eingeführt war, sollten noch einige Jahre vergehen. Inzwischen quälte ich mich mit schweißnassen Händen und T-Shirts, Katastrophenszenen im Kopf und drohender Atemnot bis zur nächsten Landung. Trotzdem wollte ich auf gar keinen Fall auf das Reisen verzichten und nahm diese Tortur jedes Mal von Neuem auf mich.

Mit diesem Bericht möchte ich auf eine fiese Nebenwirkung bei Angststörungen hinweisen: Wenn Betroffene ihrer Angst keinen Einhalt gebieten, besteht die Gefahr, dass sie sich auf Alltagssituationen ausweitet – generalisiert –, so dass sogar lebenslang eingeübte und souverän bewältigte Situationen plötzlich als Hürde erscheinen können. Manchmal sind einst völlig entspannte Erwachsene nicht mehr in der Lage, ihr Haus zu verlassen, aus Angst, eine Panikattacke zu erleiden, vor Schwindel umzukippen oder in Ohnmacht zu fallen. In den schlimmsten Zeiten meiner Ängste und Sorgen erlebte ich jenen Kontrollverlust, den ich bisher nur beim Fliegen kannte, zunehmend auch beim Fahren mit Bahn und Bus und bei Autofahrten, an denen ich nicht selbst am Steuer saß.

Doch zurück zu meiner selbst auferlegten Challenge, die mich mit dem Zug in eine nahegelegene Großstadt führen sollte. Die Aufgabe lautete: Kauf dir ein neues Kleidungsstück, in welchem du dich wohlfühlst und das später als Zeichen für Optimismus und wiedergewonnene Lebensfreude gelten soll. Einfacher gesagt: Geh endlich mal wieder shoppen.

Zunächst fühlte ich mich wieder etwas de-realisiert und irrte selbstverloren durch die Läden und Gassen. Die ersehnte Kauflust ließ auf sich warten. Erst als ich die Tür zu einem Musikgeschäft aufstieß und Saxophonklänge vernahm, spürte ich ein warmes Gefühl aufsteigen, einen Hauch von Sehnsucht nach der Magie von Musik, die mich früher zu Tränen rühren und meinen kompletten Körper schier auflösen konnte. Wie gerne wäre ich wieder in der Lage, Querflöte zu spielen und mich dadurch in einen wundervollen Flow zu versetzen. Spontan kaufte ich mir ein neues Notenheft: *Love Ballads: 16 Wonderful Songs Of Passion* (2011)

Ich fasste Mut und probierte mich in den Boutiquen durch mehrere Oberteile, von denen einige letztlich in Tüten verschwanden.

Ich kaufte mir eine neue Kaffeetasse – XXL, mit rosa(!)farbigen Herzen und der Aufschrift „Lieblingstasse". Das war ein extrem starkes Zeichen; denn Rosa war für mich bis dahin höchstens in dem Ballettkleidchen meiner Barbie-Puppe akzeptabel. Die Tasse sollte fortan für meine männlichen Mitbewohner als Zeichen meiner neu gelernten, aber noch nicht im Alltag erprobten Selbstfürsorge gelten.

Nach wenigen Stunden war ich komplett erschöpft und auch mit einer inneren Glückseligkeit gesegnet. Die erste Mission außerhalb der „Käseglocke" war geglückt.

Als nächste Herausforderung diente der Tagesausflug zu einer Nordseeinsel, die ich bereits aus früheren Kurzurlauben kannte und mochte. Zuerst fuhr ich mit dem Zug und dann mit dem Schiff weiter. Schon beim Anlegen erinnerte sich mein Körper plötzlich an all die wundervollen Erfahrungen. Sofort zog es mich ans Wasser. Ich tauchte meine Füße in den Sand und lief unzählige Kilometer am Strand entlang. Mit windzerzausten Haaren betrat ich schließlich ein uriges Café mit typisch norddeutschem Interieur und Aussicht auf das sonnenglitzernde Wattenmeer. Mein erster öffentlicher Cappuccino seit mehr als fünf Wochen! Der wiederbelebte Freiheitsdrang an jenem Tag war unbeschreiblich. Keine Spur von Angst und Panik.

Zurück in der Klinik hielten der Rausch und die Zuversicht weiter an. Noch blieb mir eine gute Woche, um mich auf den nahenden Schritt zurück in mein Leben vorzubereiten und gedanklich einzustellen. Wie würde ich ohne den Halt der Gruppe und die Notfallschnur des Therapeutenteams klarkommen?

Ich wusste, dass ich mich äußerst gemütlich in der „Blase" eingerichtet hatte. Jede Mutter und Haushaltsmanagerin kann dieses Wohlgefühl nachempfinden, sich jeden Morgen an einen gedeckten Tisch setzen und sich einer himmlischen Auswahl an frischen Früchten, Lachsstreifen und aufwendig kredenzten Brotaufstrichen hingeben zu können. Mir war bewusst, dass ich mich zuhause nicht mehr ausgiebig fragen dürfe, ob es wohl ein guter oder schlechter Tag werden wird, ob ich mein Schlafdefizit lieber am Vormittag oder erst am Nachmittag nach dem Schokokuchen ausgleichen sollte. Von spontanen Radtouren am See oder stundenlangen Vogelbeobachtungen ganz zu schweigen.

Tapfer näherte ich mich dem Tag des Abschieds, besorgte Geschenke und schrieb persönliche Karten, die den Zurückbleibenden weiter Mut machen sollten.

In der letzten Gruppentherapiestunde verlor ich nochmals meine Fassung, als mir meine liebgewonnenen Mitpatienten individuelle Wünsche für den weiteren Weg mitgaben.

An einem warmen Frühlingstag bestieg ich dann mit zitternden Knien den Fernzug in Richtung Süddeutschland. Aus dem Fenster heraus sah ich ein letztes Mal die Schwere in den tränennahen Gesichtern der Personen, die mich zum Bahnhof gebracht hatten, jene Menschen, die mir noch vor wenigen Wochen völlig fremd waren und nun zu einem wichtigen Rettungsanker in meinem siebenwöchigen Leben „auf der anderen Seite" geworden waren. Obwohl ich weder Beruhigungsmittel noch Antidepressiva genommen hatte, war ich wie betäubt. So sehr, dass mich nicht einmal die Meute an grölenden Fußballfans störte, die mich mit alkoholisiertem Atem daran erinnerten, was „normales Leben" bedeutet. Würde ich mein Leben jemals wieder als „normal" empfinden können?

GESUND WERDEN – FÜHLEN, WACHSEN, LEBEN

Rückkehr oder Neuanfang?

Ich fühlte mich wie ein leerer Sack. Kaum ein anderes Bild könnte meinen Zustand der ersten Tage nach meiner Ankunft aus der Klinik besser beschreiben als dieser. Das Fatale: Mein Umfeld schien zu erwarten, dass ich jetzt ja „so richtig ausgeruht und energiegeladen sei" und es sicher kaum mehr erwarten könne, mit neuer Kraft, überbordender Energie und vollkommen gelockerten Muskeln in meinen Alltag zu starten.

Ich hatte es zwar geahnt und bereits nach meiner Mutter-Kind-Kur am eigenen Leib erfahren, dass der Übergang nach solch einer langen Zeit des „gepamperten Daseins" sehr holprig sein kann, was häusliche und gesellschaftliche Verpflichtungen betrifft.

Aus diesem Grund hatte ich mich in den zwei Wochen vor meiner Entlassung bewusst mit dem Übergang auseinandergesetzt.

In einer der letzten KBT-Stunden hatte ich aus Matten, Netzen, Kissen und Holzbänken eine Hängebrücke gebaut – als Metapher für meinen Klinikaufenthalt. Beim Überschreiten konnte ich den Prozess anschaulich rekapitulieren: wie sich der erste Schritt auf die Brücke anfühlte – aus der Starre, (Todes-)Angst, Panik und Überforderung – und wie lange ich brauchte, um dort in einen halbwegs festen Stand zu kommen. Wie instabil und wackelig der anschließende Weg war: mutige Versuche, die Balance zu halten, Gelingen, vorsichtig die Haltung prüfend, Schritt für Schritt, aufkeimende Lebendigkeit, eine leise Ahnung von Abenteuerlust. Ein vorsichtiger Blick über das Geländer wagend, wieder daran Halt suchend, strauchelnd, jedoch ohne hinzufallen. Langsam aber stetig leicht bergauf gehend, den Kopf immer weiter emporhebend, das Ende der Brücke fest im Blick. Dort angekommen, musste ich innehalten: Der Abstand von der flexiblen Aufhängung zum fixen Untergrund war breiter als die Abstände zwischen den vorherigen Sprossen. Ich musste meinen Körper für diesen finalen großen Schritt deutlich mehr anstrengen, um wieder mit meinen Beinen auf festem Boden stehen zu können. Ein erhöhter Kraftakt beim Übergang also ... Ich war vorgewarnt.

Obwohl ich durch meine Therapien verinnerlicht habe, mir keine Horrorszenarien mehr auszudenken, sondern mit Zuversicht und möglichst sorgenfrei in die Zukunft zu schauen, hatte mein psychischer Zustand in den Tagen nach der Klinik leider meine schlimmsten Befürchtungen übertroffen.

Unser Chefarzt hatte uns in einem seiner Vorträge darüber aufgeklärt, dass es im Laufe einer Therapie grundsätzlich zu vermeintlichen „Rückfällen" kommen könne und dass sich Symptome nochmals verschlimmert zeigen könnten. Dies sei völlig normal im Therapieprozess – quasi eine Art Bewährungsprobe und gleichzeitig eine Übungsphase, um den Zuwachs an Wissen und Techniken in den Alltag transferieren und trainieren zu können.

Dies zu wissen ist von unschätzbarem Wert, denn, was ist der erste Impuls unseres psychischen Systems bei Rückschlägen? Aufgeben. Alle Vorsätze über Bord werfen, weil es ja „sowieso nicht geholfen hat", „alle Anstrengungen umsonst waren", „ich einfach unfähig" und nun „endgültig verloren sei". Der Arzt bezeichnete dieses Phänomen als *Verschlimmbesserung*, die sich auch auf sehr viele andere Anpassungssituationen im Leben, z. B. bei organischen Erkrankungen oder in Trennungssituationen, anwenden lässt.

Ein Rückfall ist also in Wahrheit kein Rückfall, sondern ein Vor-Fall in einen besseren Zustand oder ein kleiner „Zwischen-Fall", der einfach immer mal wieder vorkommen kann und darf.

Das Entscheidende daran ist – und das erfordert nochmals ein Quäntchen Mut und Kraft –, sich darüber hinwegzusetzen und den begonnenen Weg unbeirrt weiterzugehen, für den wir uns sorgfältig und bewusst entschieden haben. Es gilt, die gemeinen Angriffe der „alten Dämonen" zu ignorieren – den festen Blick weiter und weiter auf die ersehnte Gesundung zu behalten.

In der therapeutischen Kleingruppe ging es einmal um das Thema: „Was bedeutet für dich zuhause?" Nach einigen widersprüchlichen Gedankenfetzen entschied ich mich für die Definition: „Zuhause ist da, wohin ich immer wieder gerne zurückkehre und wo ich in einen Zustand von Ruhe und Wohlbefinden komme." Ich beziehe das einerseits auf einen Ort und andererseits auf bestimmte Menschen, bei denen ich so sein darf, wie ich wirklich bin. Die mir grundsätzlich wohlgesonnen sind, sich um echtes Verstehen bemühen und auch einmal Umwege mit mir gehen. Die mich trotz meiner Ecken und Kanten oder sogar genau deshalb lieben, ohne dass ich mich extra dafür anstrengen müsste.

Stimmte mein altes Zuhause überhaupt noch mit der Definition überein, die ich als Maßstab ansetzte?

Am Abend des 30. März 2019 stieg ich aus einem Zug und betrat mit dem ersten Schritt auf den Bahnsteig einen neuen Abschnitt in meinem Leben, dessen Verlauf zu jenem Zeitpunkt mehr als ungewiss war. Mein Mann und meine beiden Jungs standen strahlend mit jeweils einer roten Rose in der Hand auf dem Pflaster. Sofort wurden meine Augen feucht vor Rührung. Die Umarmungen waren echt und liebevoll. In Sekundenschnelle rasten Sätze durch mein Hirn: Wieso werde ich immer wieder von diesen unsäglichen Zweifeln überfallen? Warum kann ich nicht genügend wertschätzen, was ich habe: meinen starken Ehemann, meine süßen Kinder, unser gemeinsames Heim? Etwas, was sich die Mehrheit an Frauen wünscht? Wieso kann ich nicht einfach glücklich sein?

Auf der Autofahrt war ich wieder fest in dem „Watte-Gefühl" vertäut.

Nach der Ankunft überraschte mich mein älterer Sohn mit einer leckeren selbstgekochten Bolognesesoße und versuchte, mich durch einen leicht missglückten Satz aufzumuntern: „Es war eigentlich ganz gut ohne dich ... viel ruhiger". Obwohl ich wusste, dass er das wertschätzend gemeint hatte, war ich irritiert. Sofort schob er eine Entschuldigung hinterher. Ich musste lächeln und war weniger verletzt als entlastet. Ja, ich freute mich in diesem Moment ehrlich und aufrichtig, dass ich wieder Teil meiner Familie war und gab mein Bestes, es auch nach außen zu zeigen. Doch leider gelang es mir nicht so, wie ich es mir gewünscht hätte. Meine Freude war zurückhaltend und durchdrungen von Unsicherheit und Erschöpfung. Ich konnte nicht anders.

Alle bemühten sich um gegenseitige Rücksicht, wobei ich diejenige war, die als „rohes Ei" behandelt wurde. Ein gemeinsamer Filmabend erinnerte mich an die behaglichen Seiten meines Familienlebens, das anschließende Erwachsenengespräch am späten Abend lenkte meine Gedanken auf die Fakten: an die bevorstehenden Anstrengungen, irritierenden Zweifel und die unbeantworteten Fragezeichen.

Bereits am ersten Abend spürte ich meine Überforderung zurückkommen. Sie zeigte sich in altbekannter Weise als innere Unruhe und aufdrängende Verzweiflung. Was, wenn ich den Anforderungen nicht mehr gewachsen bin? Und wenn mich hier niemand versteht? Ich sehnte mich plötzlich nach dem grenzenlosen Verständnis aus der „Käseglocke".

Hilflos wählte ich die Nummer des Nachtpflegers aus der Klinik, die ich vor weniger als 24 Stunden verlassen hatte. Die warmen Worte verhalfen mir immerhin dazu, anschließend in einen kurzen, wenn auch unruhigen Schlaf zu finden.

Die darauffolgenden Tage waren erwartungsgemäß extrem fordernd. Ich fühlte mich unter dem ungeheuerlichen Druck, meinen Männern und auch meiner Mutter beweisen zu müssen, dass die Zeit der Entbehrungen, irritierenden Telefonate, schlafarmen Nächte und häuslichen Mehrarbeiten nicht umsonst gewesen war.

Es gab Momente, in denen ich total neben mir zu stehen und verloren schien; unfähig zu überlegen, was der nächste Schritt sein könnte, der einigermaßen Sinn machte, um wieder in einen sinnvollen und strukturierten Alltag finden zu können. Ich war sehr in mich gekehrt, was für meine Kinder und meinen Mann sicher erbärmlich anzusehen war. Mein Mann bemühte sich liebevoll, mich mit einem unserer gewohnten Vormittagsausflüge in die Stadt abzulenken, mit Kaffee und Butterbrezel und einem anschließenden Spaziergang.

Meine Söhne überredeten mich zum Fußballspielen. Einerseits fühlte sich das wieder wundervoll vertraut an, andererseits wusste ich auch, dass ich mich technisch als „Vollpfosten" zeigte und nicht einmal in der Lage war, für meine Kinder ein würdiger Torwart zu sein. Was für eine Versagerin war ich mittlerweile geworden ... Nicht einmal in der Lage, einen einfachen Ball zu halten. Andererseits fehlte mir auch die Motivation und der Antrieb, andere Aktivitäten vorzuschlagen, die ihnen auch gefallen könnten. Manchmal fühlte ich mich isoliert und als Frau in dem verschworenen Männer-Team der vergangenen Wochen irgendwie fehl am Platze.

Fast ununterbrochen fühlte ich mich schuldig, selbst für Dinge, die ich nicht zu verantworten hatte, z. B. wenn mein jüngerer Sohn beim Fußballturnier verlor („Vielleicht hat ihm meine lange Abwesenheit geschadet?").

Ich versuchte, einfache Tätigkeiten in den Alltag einzubauen, Kochen, Putzen, Aufräumen. Beim Anblick der übervollen Schränke fühlte ich mich erneut maßlos überfordert.

Wie sollte ich in diesem Zustand eine berufliche Wiedereingliederung in der Schule beginnen, die in Kürze anstand? Schülern und Kollegen gegenübertreten?

Kurz vor dem Schlafengehen kamen meine Symptome zurück: das Kribbeln, die Unruhe, sogar das starke Herzziehen war wieder da. Mein Leben schien erneut im Stillstand zu sein.

In guten Stunden raffte ich mich auf, meine Joggingrunde wiederzubeleben. Eine davon endete erneut tränenaufgelöst.

Bei der Abgabe meines Leih-Chips im Fitnessstudio konnte ich vor der Rezeptionistin die Tränen nicht zurückhalten, obwohl ich mir fest vorgenommen hatte, wieder regelmäßig laufen zu gehen, anstatt mich in Kursen mit viel fitteren und energiegeladenen Frauen vergleichen zu müssen. Immerhin konnte ich gerade über meine Figur nicht klagen. Die Waage hatte am Morgen nur 66,1 kg gezeigt – dies galt bei meinen unzähligen Abnehmversuchen einst als Sehnsuchtszahl.

In sehr guten Momenten beschwor ich mich, geduldig zu bleiben und weiter einen Schritt nach dem anderen zu gehen. Ich gab mir selbst heimliche „Schulterklopfer", wenn ich es geschafft hatte, Massagetermine auszumachen oder einen Einkauf zu erledigen.

An einem Montag ging ich zum ersten Mal seit Monaten wieder zur Chorprobe. Ich war sehr aufgeregt, was jedoch unnötig war, da ich mich durch die Anwesenheit meiner sehr engen Freundin und weiterer verständnisvoller Frauen gut beschützt und angenommen fühlen konnte. Es tat so gut, sich auszutauschen. Auch das Singen ließ mich merklich entspannen.

Obwohl sich meine Familie definitiv Mühe gab, mich zu verstehen und zu stützen, spürte ich Ungeduld aufkommen.

Wo blieb der berühmte „Zauber eines Anfangs"? Wo sollte ich überhaupt anfangen? Hatte der Klinikaufenthalt nicht den Zweck, alles besser zu machen? Gefühlt ist aber gerade alles schlimmer! War alles umsonst? Statt Lösungen und Antworten, noch mehr Fragen? Und das nach sieben Wochen Klinik! So konnte das nicht weitergehen!

Was an dieser Stelle als Erkenntnis und erneutes Zeichen zum Aufbruch gedeutet werden könnte, bedurfte leider noch einmal einer bitteren Erfahrung, einer weiteren *Verschlimmbesserung*:

In einer Nacht wurde ich von einem Anfall heimgesucht, den ich heute als „Nervenzusammenbruch" bezeichnen würde – voraus ging eine heftige Auseinandersetzung mit meinem Mann und ein vorwurfsgeschwängertes Telefonat mit meiner Mutter.

Das war keine Panikattacke, eher eine Kapitulation meines Körpers, eine andauernde Starre, die kurz darauf in ein unkontrollierbares Muskelzittern auf meinen kompletten Körper überging. Ich muss so erbärmlich und beängstigend ausgesehen haben, dass mich mein sichtbar geschockter Ehemann sofort in den Arm nahm. Abrupt löste sich meine Verkrampfung in einen Tränenfluss auf, der kein Ende nehmen wollte.

Als der Anfall vorbei war, schien sich etwas gelöst zu haben – die Streitthemen zwischen uns waren plötzlich belanglos. Endlich spürte ich in mir einen Hauch von Hoffnung. War ich also doch noch zu retten und mit mir meine Ehe und Familie?

Nur tröpfchenweise sickerte in mich wieder die Erinnerung hinein, dass eine Therapiemaßnahme nicht ad hoc funktioniert. Dass Genesung kein Sprint, sondern ein Marathon ist.

Sie ist ein langer, mitunter zäher Prozess, der immer wieder von Vor-Fällen gekennzeichnet ist, wobei jeder einzelne davon ein weiterer Schritt in Richtung Linderung oder sogar Heilung bedeuten kann – ein Testlauf dafür, ob du nun bereit bist, wieder für dich selbst Verantwortung zu übernehmen und deinen Alltag bewältigen zu können oder nicht.

„Zwei Schritte vor, einer zurück", so lautet seitdem mein Mantra für mehr Gelassenheit und Zuversicht – ein heilsamer Rhythmus des Lebens. Es gilt, das Tempo gleichmäßig zu halten, stetig voranzugehen, nicht mehr so oft nach hinten zu schauen – und wenn, dann ausschließlich mit einem Gefühl der Dankbarkeit, des Stolzes und des Loslassens.

Eines war dabei sonnenklar: Ganz alleine würde ich es noch nicht schaffen, auch nicht mit Unterstützung meiner – mittlerweile selbst der Überforderung nahen – Familie.

Also ging ich es an.

Wacklige Gehversuche – ambulante Psychotherapie

„Ich empfehle Ihnen dringend, auf Kaffee und Alkohol zu verzichten, Frau Schmitt."

Was? Mit diesem Satz war ich schlagartig im Hier und Jetzt. Meine psychisch angeknackste Verfassung hatte mich in einem Zustand aus Erschöpfung und Nervosität ankommen lassen, die nun einem Schwall von Empörung wich.

Ich saß in einem bequemen Polstersessel einer Frau, geschätzt Ende fünfzig, gegenüber. Der helle Raum befand sich in einem gepflegten Altbau und war mit gewachstem Parkett auf dem Boden und moderner Kunst an den Wänden ansehnlich gestaltet. Auf einem Tisch standen frische Sonnenblumen und aus einem Diffuser strömte angenehm duftender Wassernebel.

Vorsichtig schaute ich mich um. Da gab es tatsächlich ein Sofa. Würde das bei mir irgendwann auch zum Einsatz kommen? Nach meinen reichhaltigen Therapieerfahrungen und den Vor-Fällen hatte ich beschlossen, nun alles anzunehmen, was kommen würde. Ich hatte mich schließlich entschieden, mein Leben wieder selbst in den Griff zu bekommen. Ohne jemals ein Suchtproblem mit Alkohol oder anderen Substanzen gehabt zu haben, leuchtete mir ein, dass es gesünder wäre, nichts dergleichen zu konsumieren. Aber ... musste ich dann unbedingt sofort und komplett darauf verzichten, auch auf meinen geliebten Kaffee?

Die erste Therapiestunde war gleichzeitig ein Gespräch zum gegenseitigen Beschnuppern, zwischen mir und einer Frau, die keinen Zweifel daran ließ, dass sie die Fäden in der Hand behalten würde. Was mich einerseits irritierte – schließlich wollte ich auf Augenhöhe behandelt werden –, weckte in mir gleichzeitig ein Gefühl von Sicherheit und Halt.

Mein letzter Rest an Urteilsvermögen riet mir, dieser Frau zu vertrauen.

Die „Chemie" stimmte schon einmal. Sicherlich ist die fachliche Ausbildung in einem seriösen Verfahren auch wichtig, um das nötige Vertrauen zu einem Therapeuten herstellen zu können. Schließlich möchte sich niemand einem „Scharlatan" ausgeliefert fühlen.

In der Regel sind krankenversicherte Betroffene schon allein deswegen davor geschützt, weil die meisten Kassen nur Verfahren abrechnen, die zu den *Richtlinienverfahren* gehören. Im Jahr 2024 sind das die *psychoanalytischen* und *tiefenpsychologischen Verfahren*, die *(Kognitive) Verhaltenstherapie* und die *Systemische Therapie*.

Doch auch viele freie Therapeuten und Heilpraktiker für Psychotherapie, die Alternativtherapien anbieten, bringen ein herausragendes Maß an Empathie, sozialer Kompetenz, und häufig auch eigene Erfahrung als ehemals Betroffene mit und leisten eine sehr gute Therapiearbeit.

Die psychologischen und psychotherapeutischen Grundkenntnisse müssen die Anwärter intensiv für die anspruchsvolle schriftliche und mündliche „Überprüfung zum Erlangen der Heilerlaubnis" vor dem regionalen Gesundheitsamt lernen. Nicht wenige haben sich auf Grundlage einer jahrzehntelangen Erfahrung in einem sozialen Beruf ganz bewusst für die Therapiearbeit entschieden. Das ist von unschätzbarem Wert.

Leider hat die Branche der Alternativtherapien, zu der mittlerweile auch erfolgreich angewendete Verfahren, wie z. B. die *Gestalttherapie* nach Fritz Perls, die *Hypnotherapie* von Milton H. Erickson, Victor Franckls *Logotherapie*, die *Körperpsychotherapie* nach Wilhelm Reich, die *psychodynamisch imaginative Traumatherapie* (PITT) nach Luise Reddemann und – in meinem Fall auch die Kunsttherapie – gehören, noch immer ein Problem: Alternativtherapien gibt es in den meisten Fällen nicht auf Rezept, die Betroffenen müssen sie aus eigener Tasche bezahlen. Doch viele können sich das schlichtweg nicht leisten oder investieren ihr Einkommen lieber in Konsumgüter, die spontan ebenfalls für eine Entlastung sorgen können – kurzfristig zumindest.

Eine tagelange Recherche hatte mich zu meiner Therapeutin geführt. Sie war Diplom-Psychologin, die Psychotherapie in einer Privatpraxis anbot und auf die Schwerpunkte *Verhaltenstherapie*, *Traumatherapie* und *Entspannungstherapie* spezialisiert war. Ich hatte Glück, denn sie konnte mich zeitnah zu einem Erstgespräch einladen. In der ersten Sitzung füllte ich einen Fragebogen aus; wir schlossen einen Behandlungsvertrag. Wir vereinbarten, dass ich anfangs wöchentlich kommen sollte.

Auf Wunsch meiner Therapeutin kaufte ich mir ein ansprechendes Notizbuch mit fester Kladde. Den Umschlag beklebte ich mit hoffnungsvollen Bildern und optimistischen Worten. Mein Therapietagebuch war geboren. Was für Außenstehende wie eine Bagatelle klingt, war für mich wie ein „heiliger Akt", den ich achtsam ausübte, um meiner Absicht, gesund zu werden, noch mehr Verbindlichkeit zu verleihen.

Obwohl ich mir schnell sicher war, dass sie die richtige Therapeutin für mich war, ließ ihre Aura keine Missverständnisse zu. Ich fragte mich, ob ich sie deshalb ausgewählt hatte, weil sie etwas mütterlich Bestimmendes hatte. So fühlte ich mich einmal wie ein trotziges Kind, als ich aufgrund von Parkplatzproblemen zu spät in die Therapiestunde kam. Eigentlich hasse ich es, zu spät zu einem Termin zu kommen.

Meine Therapeutin entgegnete mit einer Strenge „Sie sind offensichtlich zu spät von zu Hause weggefahren." Sofort fühlte ich mich schuldig – und klein. Ich beschloss im selben Moment, ihr das zu verzeihen. Ich brauchte sie ...

Meine neue Ansprechpartnerin zeigte mir praktische Übungen, die meinen aufgewühlten Körper und meine verwuschelte Seele in Einklang und Ruhe miteinander verbinden sollten. Sie führte mich in die große Fähigkeit der Achtsamkeit ein, lehrte mich, wie wichtig es ist, sich immer wieder in das Hier und Jetzt zu begeben und sich auf seine momentanen körperlichen Empfindungen, Regungen und Geräusche (wie z. B. entspannendes Magengrummeln) zu konzentrieren.

Ich hatte die Aufgabe, die Übungen auch außerhalb der Therapie zu vertiefen. Obwohl mein Mann froh war, dass ich nun offensichtlich auf dem richtigen Weg sei, begegnete er allem, was sich um das Thema Therapie drehte, mit Skepsis – so wie viele Männer das tun. Ich blieb die „Black-Box". Einerseits tat mir das leid, andererseits hatte ich von meiner Therapeutin die Auflage bekommen, die Inhalte nicht mit meinem Umfeld zu besprechen, um den Therapieerfolg nicht zu unterbrechen oder mich verwirren zu lassen. Schließlich gab es innerhalb meines persönlichen und familiären Umfelds ja auch Gründe, die mich in die Krise geführt hatten.

Die Krux dabei war: Mein Umfeld wollte mich am allerliebsten genauso zurück, wie ich „früher" war, bevor dieses Unheil in unser Zusammenleben eingezogen ist. Doch so schmerzhaft die Erkenntnis für alle Beteiligten – allen voran für mich selbst – war: Ein Zurück würde es nicht geben. Es gab nur einen Weg voran. Während ich das zu jener Zeit längst erkannt hatte, begann dieser Prozess nun für meine Familie – und auch für meine Mutter.

Meine Mutter hatte seit meiner Rückkehr nicht mehr aufgehört, „die Mannschaft" mit Lobeshymnen zu überschütten, wie toll sie die Zeit – ohne mich, ohne weibliche Hand – hinbekommen hätten. Unterschwellig schwang dabei stets ein Untertitel mit: „während du ja lange genug die Chance hattest, dich zu erholen, dich verwöhnen zu lassen und dich nur um dich selbst zu kümmern." Und somit sei es wieder an der Zeit, auf dem Boden der Realität anzukommen und wieder alltagstauglich zu werden. Zu jener Zeit schmerzten viele ihrer Sätze wie das Gepeitsche von Rosendornen in meinem Gesicht. Im Nachhinein habe ich meinen Frieden damit gemacht und das auch ausreichend gemeinsam mit ihr bearbeitet.

Eine Therapie besteht nicht nur aus den einzelnen Sitzungen in unterschiedlicher Frequenz. Meines Erachtens passiert das Wichtigste einer Therapie zwischen der einen und der nächsten

Sitzung. Es wäre so erleichternd, wenn sich die Angehörigen im Vorfeld darauf einstellen und sich dafür bewusst entscheiden könnten, möglichst viele Veränderungen mitzutragen. Widerstand von Seiten des Partners bremsen den Prozess ab.

Die wenigsten Erwachsenen sind bereit, ihre Komfortzone zu verlassen oder große Veränderungen anzustoßen, wenn sie es nicht unbedingt müssen. Das Wissen hatte ich zuvor nicht, weshalb ich immer geneigt war, andere zu verurteilen, womit ich mir selbst zusätzlich Schmerz zufügte.

Es ist hilfreich zu wissen, dass die meisten Männer therapiescheu sind. Über die Gründe lässt sich spekulieren – ich vermute darin die männliche Sorge, sich vor einem fremden Menschen (oder sogar erstmals vor der eigenen Ehefrau) komplett ausbreiten zu müssen – und darüber die Kontrolle (über die gut gehüteten eigenen Emotionen) zu verlieren.

Halten wir fest: Die größte Herausforderung zu Beginn einer ambulanten Therapiemaßnahme besteht darin, das in der 50-minütigen Sitzung mühsam Erarbeitete zu verinnerlichen und die Erkenntnisse daraus konkret und möglichst praxisnah in den Alltag zu übermitteln. Das führt aufgrund der Tatsache, dass die anderen eben nicht eingeweiht sind, zwangsläufig zu Irritationen, Enttäuschungen und handfesten Konflikten.

In den ersten Sitzungswochen fühlte ich mich ungeschützt wie ein mageres Pflänzchen, das versuchte, ihre Blätter wieder in Richtung Sonne zu strecken und dabei nicht zu verdorren. Jeder Windhauch beutelte mich. Übersetzt: Konflikte und Ungereimtheiten brachten mich nach wie vor durcheinander, und oft genug hatte ich Mühe, mich nicht wieder in mein Schneckenhaus aus Hilflosigkeit, Wut, Trotz und Resignation zurückzuziehen. Doch nun hatte ich etwas Entscheidendes: eine vertrauensvolle Geheimnisträgerin und die nächste Therapiesitzung.

Ich begann, mir konsequent Alltagssituationen in einer Smartphone-App zu notieren, die ich beim nächsten Mal ansprechen wollte. Weil sich innerhalb einer Woche sehr viel angesammelt hatte, blieb in der Folgesitzung oft wenig Zeit für das Programm, das sich meine Therapeutin im Vorfeld für mich überlegt hatte. Manchmal wies sie mich darauf hin, mich nicht in zu vielen verschiedenen Themen zu verstricken und möglichst langsam zu sprechen – da zu viel Schnelligkeit das Verhaften in einem Trauma begünstigen würde.

Um meine Außenwirkung selbstbewusster zu gestalten, forderte sie mich dazu auf, das Wörtchen „eigentlich" zu eliminieren und das „man" durch „ich" zu ersetzen, um für mich selbst und andere verbindlicher zu sein.

Aus „ich soll", „ich muss" und „ich versuche" wurde „ich darf" und „ich werde tun".

Sie klärte mich darüber auf, dass das kleine Füllwörtchen *Aber* in sehr vielen Fällen durch ein *Und* ersetzt werden kann. Dies habe eine viel selbstbestimmtere Wirkung. Sehr eindrücklich erschien mir das in dem scheinbar widersprüchlichen Satz: „Ich möchte eine gute Mutter sein und ich möchte auch meine eigenen Bedürfnisse ausleben."

Sie lehrte mich, einfache Sätze und Ich-Botschaften zu formulieren und diese in meinem Therapietagebuch schriftlich zu fixieren, damit ich sie in meinem Alltag immer wieder laut aussprechen und bei Bedarf abrufen könne.

Von Sitzung zu Sitzung wurde die Zuversicht, dass ich „geheilt" werden könne, größer. Mit Erleichterung stellte ich fest, dass ich doch nicht „verrückt", sondern nur einer von vielen Menschen bin, die von einer fiesen Psychokrise betroffen sind. Ich erkannte, dass ich nicht davon „überfallen" worden war, im Sinne eines Sturms, der mich umreißt, sondern dass ich dazu ein gehöriges Stück eigenaktiv beigetragen hatte. Weil ich es nicht besser konnte und wusste, habe ich mich zum größten Teil selbst aktiv hineinmanövriert, meine Bedürfnisse dabei missachtet und ungünstige Einflüsse von außen zugelassen.

Wenn ich selbst in der Lage war, diese psychische Erkrankung zuzulassen, kann ich mich doch offensichtlich auch aus eigener Kraft aktiv hinausmanövrieren!

Diese Erkenntnis gab mir ein gehöriges Maß an Rückenwind – in der Psychotherapie nennt man das die Entdeckung der *Selbstwirksamkeit*: Ich habe es selbst in der Hand, etwas an meiner Situation zu ändern.

Ich wollte ganz dringend vor allem eines: Raus aus der Opferhaltung und dem Gejammer – ein für alle Mal! Und ich wollte mein Leben wieder aktiv in die Hand nehmen.

Was konnte ich jetzt sofort tun?

Lesen? Es war eine große Gnade: Meine Fähigkeit zur Konzentration und Fokussierung war wieder fast vollständig zurückgekehrt. Die Zeit meines Eigenstudiums unzähliger Bücher begann ...

Eine weitere Entdeckung glich wieder einer regelrechten Offenbarung: Podcasts.

Podcasts waren die Rettungsringe meines Alltags:

Ich konnte mich über Kopfhörer vor äußeren Geräuschen und belastenden Streitereien zwischen meinen Kindern schützen, und gleichzeitig in ganz neue Welten der Psychologie, persönlichen Weiterentwicklung und Spiritualität katapultieren. Ich wurde regelrecht süchtig nach Podcasts.

So feierte ich meinen ersten Therapieerfolg. Entgegen dem Rat meiner Therapeutin trank ich dennoch hin und wieder ein Gläschen und Kaffee sowieso. Therapie bedeutet schließlich auch die Übernahme von Eigenverantwortung.

Als Frau zwischen drei Männern

Irgendwann in den 1980ern, an einem sehr frühen Morgen:
"Meine Knie schmerzen, als ich zum x-ten Mal von der Arbeitsplatte unserer Küche zurück auf den Stuhl und dann auf den Boden steige. Puh ... Körperlich erschöpft hebe ich meine müden Augen und betrachte den kleinen länglichen Raum, der vor mir liegt. Jetzt hat es doch länger gedauert als gedacht. Naja. Die grüne Tapete mit den feinen weißen Streifen lässt die gesamte Einrichtung viel moderner erscheinen. Die vertikalen Linien scheinen tatsächlich parallel und einheitlich zu verlaufen, die Übergänge sind sehr akkurat. Ja – ich glaube, das ist mir gut gelungen – selbst ist die Frau!"

Für diese Aktion hatte ich die komplette Nacht – nachdem alle im Bett waren – heimlich und leise durchgearbeitet. Die neu gekaufte Tapete hatte zuvor schon monatelang im Keller gelegen, weil niemand Zeit gehabt hatte, sich darum zu kümmern.

Ich spürte eine prickelnde Vorfreude auf die Reaktion meiner Mutter, wenn sie mein nächtliches Werk entdecken würde. Ich war mir zu hundert Prozent sicher, dass sie überwältigt sein würde. Ich wusste, dass die Renovierung der Küche ein weiterer Dorn im Auge meiner Mutter gewesen war. Nicht schon wieder meinen Onkel um Hilfe bitten müssen, er hatte sich doch erst um den verstopften Abfluss gekümmert. Für mich war das eine willkommene Gelegenheit, ihr ein Lächeln auf das Gesicht zu zaubern und mich gleichzeitig von ihrem Lob belohnen zu lassen.

Hoffentlich hatte ich sauber genug gemessen und gefiel es ihr wirklich! Mich umgab das übliche Chaos an alten Tapeten und abgeschnittenen Tapetenresten, Wasserflecken am Boden und eingetrockneten Kleisterresten auf meinen nackten Schenkeln. Nur diese eine letzte Bahn noch, und dann muss ich es noch schaffen, aufzuräumen, bevor – "Das gibt's doch nicht! Nein! Du bist ein Prachtkerl!" – meine Gedanken schlagartig durch das verfrühte Erscheinen meiner Mutter gestoppt wurden.

An ihrer sich überschlagenden Stimme erkannte ich sofort, dass sie sich tatsächlich freute – und wie! Der kurze Moment des Ärgers, dass ich ihr nicht das komplett fertige – perfekte – Werk präsentieren konnte, verflog angesichts ihrer Reaktion und verwandelte sich in Erleichterung. Auf ihr grundsätzlich wertschätzendes Verhalten und ehrlich gemeintes Lob ist bis heute Verlass. Das ist so wohltuend.

Aus diesem weiteren Blitzlicht aus meiner Jugend lassen sich zwei grundlegende Eigenschaften von mir ableiten: Da ist meine Leidenschaft und Freude, etwas zu verändern und neu zu denken. Und gleichzeitig zeigt sich ein Perfektionismus, der mich oft über meine individuellen Grenzen bringt, mich die Zeit, das Essen, Trinken und Schlafen, vergessen lässt.

In meiner Leidenschaft, Räume umzugestalten, verbrachte ich Tage und Nächte und plante die erwartete Verwandlung mit meiner ganzen Vorstellungskraft (heute würde man das Manifestieren nennen). Ich schien wie besessen von meinem neuen Projektvorhaben und dachte mich von einem Flow zum nächsten. Anschließend brachte ich diese Vision mit eigenen Händen ins Leben.

Meine handwerkliche Seite zeigte sich bisher vor allem, wenn ich mir ausreichend Zeit nehmen konnte: zum Schmökern von Zeitschriften oder Internetseiten und letztlich zur Umsetzung. Bei einer Mammut-Aktion wuchtete ich Möbel von links nach rechts und wieder zurück, ungeachtet der zu erwartenden Rückenschmerzen, versah Wände mit neuer Farbe oder Strukturtapete und putzte, was das Zeug hielt. Das Ergebnis war mal mehr, mal weniger gelungen, was mich stets mit Zufriedenheit und Stolz erfüllte. Weil ich in meinem Leben mindestens zehnmal in neue Wohnungen, WG-Zimmer oder letztlich in unser Haus umgezogen war, hatte ich genug Gelegenheit, meinen eigenen Stil zu entwickeln.

Um Kosten zu sparen, haben wir immer viel geschafft und selbst gemacht. Als Kind hatte ich deshalb zahlreiche Möglichkeiten, den Heimwerkern zuzuschauen und ihnen als Handlanger zu dienen – bevor ich im Wege herumstehen würde. Daher war ich es schon immer gewohnt, selbst anzupacken.

Eigentlich hätte ich ein Junge werden sollen. Meine Eltern waren bis unmittelbar vor meiner Geburt der Überzeugung, dass sie gleich einen kleinen Buben in den Armen halten würden. Robert – diesen Namen hatten sie sich zuvor ausgedacht. Durch mein anderes Geschlecht kamen sie dann in Bedrängnis, weshalb sie sich spontan für meinen jetzigen Namen entschieden hatten.

Als ich 2006 die Pläne für unser Eigenheim in den Händen hielt, war ich komplett infiziert. Als Mutter eines Einjährigen hatte ich nun ein riesiges Elternzeit-Projekt. In der Zeit, in der mein kleiner Sohn schlief oder mit seinen Büchern und Autos beschäftigt war, widmete ich mich unseren neuen Räumlichkeiten. Gleichzeitig war ich täglich von vielen Männern umgeben, die auf Kaffee-und-Kuchen-Nachschub warteten.

Wieder einmal pendelte ich zwischen den beiden Geschlechter-Rollen hin und her. Dass mein Mann – unter großen Anstrengungen und Entbehrungen – zusätzlich zu seinem Hauptjob die Feierabendzeit auf der Baustelle oder vor Internetseiten z. B. zum Thema „Wärmepumpe" verbrachte, war ein unermesslicher Kraftakt und eine Herausforderung für die ganze Familie. Schließlich mussten auch die Kosten im Rahmen bleiben. Einerseits versuchte ich, ihm so gut wie möglich den Rücken freizuhalten, andererseits stolperte ich dabei immer wieder über den rauen Befehlston, der auf der Baustelle zwischen den Männern herrschte und teilweise auch auf mich ausgeweitet wurde. Obwohl ich mich bemühte, verständnisvoll zu sein, wollte ich nicht einsehen, wieso man nicht wertschätzend und höflich miteinander umgehen konnte.

Ich brauchte lange, bis ich erkannte, dass diese Umgangsweise miteinander als „typisch männlich" gilt – keine Zeit verlieren, nur das Wesentlichste reden, möglichst effizient arbeiten.

Dennoch bin ich der Auffassung, dass auch kleine Jungen sehr viel an weiblichen Attributen mitbekommen sollten, insbesondere die Bereitschaft anzuerkennen, dass auch Männer weibliche Anteile und Emotionen haben und diese sogar zeigen und ausdrücken dürfen.

Ich hoffe, ich habe diesen Hinweis meinen Jungs deutlich genug mit auf den Weg gegeben.

Damals auf der Baustelle konnte ich noch nicht erkennen, dass ich über dieses männliche Verhalten hätte hinwegsehen können, aus ausreichendem Selbstbewusstsein heraus und zum Selbstschutz.

Tatsächlich fiel es mir grundsätzlich schwer, mich gegenüber männlichen Anforderungen oder scheinbar unterkühlten Stimmungen abzugrenzen und für meine eigenen weiblichen Bedürfnisse einzustehen.

Die Tatsache, dass in meinem Bauch bereits ein weiterer „kleiner Mann" heranwuchs, ließ mich meine künftige Bestimmung erahnen: Die Verteidigung meiner weiblichen Bedürfnisse gegenüber den männlichen meines Umfelds. Ich würde von nun an zwischen drei Männern meine Frau stehen müssen.

Meine weise Therapeutin ließ mich Sätze aufschreiben und immer wieder laut aussprechen:

„Renate, du bist eine erwachsene Frau, lebst in einem freien Land und darfst lernen, deine weibliche, sehr ausgeprägte, sensible Seite zu schützen.

Deine Gefühle sind in Ordnung. Früher dachtest du, du müsstest die unangenehmen Gefühle aushalten. Und jetzt bist du frei und kannst auf dich achten.

Du bist deswegen keine Egoistin."

Mein altes System sollte umprogrammiert werden, eine neue Software sollte meine verstaubte „Festplatte" neu formatieren. Was einem IT-Fachmann innerhalb von Sekunden gelingt, dauerte bei mir viele Monate mit wöchentlichen Therapiesitzungen.

Es brauchte lange, bis ich mir selbst glauben konnte, was ich da aussprach. Unfassbar, wie tief ungünstige Annahmen und alte

Glaubenssätze in unserem alten Ich verankert sind. Doch galt hier: „Steter Tropfen schleift den Edelstein."

Sobald der Prozess meiner „inneren Umprogrammierung" in Gang gesetzt war, sollte ich diesen auch nach außen sichtbar machen. Ich hatte den Auftrag, mir in meinem Zuhause einen Rückzugsraum einzurichten.

Er fand sich im Gästezimmer – das außerhalb der Besuche meiner Mutter – meist verwaist war und deshalb zunehmend als Abstellkammer für Wäschekörbe und Regale mit mehr oder weniger gelesenen Büchern diente. Wieder räumte ich Regale aus verschiedensten Stockwerken um, färbte die Wände in einem hoffnungsvollen sanften Grünton – passend zum Sofa –, kaufte mir einen eigenen Lesesessel und dekorierte die Ablagen ausschließlich mit Gegenständen, die mich erfreuen sollten und mein neu entdecktes Ich widerspiegeln und weiter verfestigen würden.

Hier würde ich die Tür hinter mir zuziehen können, wenn ich mir meine regelmäßigen Pausen nahm, die mir meine Therapeutin ebenfalls verordnet hatte. Hier würde ich Raum und Zeit haben, um mich zu erholen, meinen individuellen Bedürfnissen und Plänen nachzugehen und meine „weiblichen Anteile" zu leben.

Und wie nahmen meine Mitbewohner diese Veränderung auf?

Ich fürchtete Gegenwehr und erntete Verständnis! Ich wurde überwältigt von einer Rücksichtnahme durch die drei Männer. Offensichtlich zeigten meine Veränderungen auch nach außen eine positive und überzeugende Wirkung. Meine Kinder bastelten mir sogar ein Holzschild mit den bedeutsamen Worten: „Mama ist die Größte, Mamas Reich!"

Es stimmt: Auch Angehörige wachsen an einer Therapie, auch wenn sie diese nicht selbst machen.

Ohne Filter extra – das Phänomen Hochsensibilität

Juli 2024, Samstagmorgen, 8.30 Uhr: Herrliche Ruhe auf der sonnenbeschienenen Terrasse, Vogelgezwitscher aus den umliegenden Büschen – ich atmete tief die angenehme Sommerluft ein und langsam aus. Unser Kater machte es sich neben mir auf dem Stuhl bequem. Mit meiner Zeitungslektüre und einem zweiten Kaffee versuchte ich, die anstehende Putzorgie ein wenig hinauszuzögern.

Und dann ... Stimmen aus dem angrenzenden Gartenbaubetrieb verhießen den Arbeitsbeginn. Nur wenige Sekunden später passierte es: Der Traktormotor wurde angeworfen und begann dezibelstark vor sich hinzutuckern. Eine Minute, zwei Minuten, fünfzehn ... Von Sekunde zu Sekunde baute sich in mir ein inneres Beben auf. Ich begann erst leise, dann ganz laut zu fluchen: „Mann, fahrt doch endlich!" Schließlich setzte sich der Traktor in Bewegung. Ich pustete hörbar aus und lenkte meine zurückgewonnene Konzentration wieder auf die Zeitung.

Kaum eine halbe Minute verging. Von meiner linken Gehörseite kam ein neues Dröhnen ... Nun hatte der andere Nachbar seinen Uralt-Rasenmäher angeworfen. Da mein Stresspegel mittlerweile auf knapp unter hundert lag, hörte ich mich verzweifelt bis fassungslos schreien: „Ruhe, verdammt!" Der Motor stoppte natürlich nicht.

Resigniert räumte ich das Feld.

Wieso hatte ich gerade so überreagiert? War ich wieder so dünnhäutig?

Eine plausible Erklärung kam prompt: Die vergangenen Wochen waren die letzten vor den Sommerferien und mit unzähligen schulischen Aufgaben überladen. An mehreren Abenden gab es Veranstaltungen, welche die zusätzliche Präsenz aller Kollegen einforderten. Hunderte Menschen, Stimmengewirr, hallende

Musik aus der Box, Nervosität wegen einer Ankündigung per Mikrofon, vor der kompletten Schulgemeinschaft, samt Eltern. Und wie hatte der Kollege eigentlich diese komische Bemerkung mir gegenüber gemeint?

Hinterher fühlte ich mich wie ausgesaugt.

In meiner Praxis vermehrten sich – erfreulicherweise – die Anfragen für potentielle Klienten samt Erstgesprächen. Obwohl mich die Arbeit erfüllte, waren die festen Termine aufreibend.

Dazu lag mir die Abgabefrist meines Buchverlags auf der Seele.

Auch meine Eltern hatte ich schon lange nicht mehr besucht. Und die Abiturfeier meines Ältesten, inklusive dem kurzfristigen Anzug-Shopping-Mittag erinnerte mich daran, dass der Prozess des Loslassens mit ihm zweifellos kurz bevorstand. Hatte ich die aufkommende Wehmut überhaupt schon realisiert?

Wieso hatte ich eigentlich schon wieder Kopfschmerzen?

Mein Gedankenstrom kam ins Trudeln ... Offenbar war ich wieder in die Überreizungsfalle getappt – obwohl ich es mittlerweile besser wissen müsste.

Zu viel Krach, Stress, Druck, Menschen, Konflikte, Entscheidungen, Handy, zu viel nährstoffarmes Essen, und:

Zu wenig Schlaf, ungeteilte Zeit und Ruhe, zum Atemlauschen, Füße spüren, Gedanken sortieren, Bäume studieren, Katze streicheln, Malen, Musik, und so viel mehr.

Noch vor fünf Jahren hätte ich mich noch dafür verurteilt, dass ich „so empfindlich", „anders als die meisten Personen meines Umfelds" und „irgendwie falsch" bin.

Ungefähr ein halbes Jahr nach der Rückkehr aus der Klinik – im Herbst 2019 – hörte ich in einem Podcast zum ersten Mal von dem Phänomen *Hochsensibilität*. Die Inhalte flossen ungefiltert durch die Kopfhörer in mein Gehirn. Plötzlich spürte ich eine kribbelnde Aufregung kommen und immer häufiger durchzuckte mich ein „Ja, genau!", „Das ist wie bei mir!", „So war ich schon als Kind". Schlagartig fühlte ich mich erkannt. Und verstanden! Und vollkommen richtig!

In den darauffolgenden Wochen nach dieser Erkenntnis – mein Heilungsprozess war bereits fortgeschritten und meine Auffassungsgabe wieder intakt – kaufte ich mir mehrere Bücher zur *Hochsensibilität*: Ich las Artikel über typische Kriterien, Partnerschaft und die Berufung von Hochsensiblen. Ich führte einen frei im Internet verfügbaren Test durch, der mich zu einem hohen Prozentsatz in dem bestätigte, was ich ohnehin schon geahnt hatte: Ich gehöre definitiv und zweifellos zur Gruppe der „HSPs – den *highly sensitive persons*".

Doch was sollte ich jetzt damit anfangen?

Nein, ich hatte keine neue Diagnose, keine weitere psychische Störung dazu bekommen, doch dafür sehr viel Wissen und weitere neue Erkenntnisse:

Der Begriff *Hochsensibilität* (auch: Hypersensibilität oder Hochsensitivität) wurde erstmals 1997 von der Amerikanerin Elaine A. Aron als Persönlichkeitsmerkmal beschrieben und schwappte erst in den letzten Jahren über den großen Teich zu uns nach Europa.

Nach ihrer Vorstellung bedeutet *Hochsensibilität*[12] sowohl eine hohe Sensitivität für subtile Reize als auch eine leichte Übererregbarkeit.

Hochsensible Menschen (20 bis 30 Prozent der Bevölkerung) gelten als sensibler gegenüber Reizen wie Geräuschen, Gerüchen, Licht oder sozialen Reizen. Ihr Gehirn scheint kleinste Veränderungen oder Unterschiede in ihrer Umwelt ungefiltert wahrzunehmen und emotional zu beantworten. Sie verarbeiten Reize tiefer und länger als andere. Das führt dazu, dass sie zum Beispiel Äußerungen von Menschen stunden-, manchmal tagelang immer wieder durchdenken und hinterfragen – was extrem anstrengend und erschöpfend sein kann. Manche sprechen davon, dass ihnen „ein Filter im Kopf" fehle und demnach visuelle, akustische, taktile oder olfaktorische Reize mit voller Wucht auf das System einströmen.

---

12 www.psychologie-heute.de/gesundheit/artikel-detailansicht/42259-hochsensibilitaet.html

Andere Hochsensible haben mir bestätigt, dass ein bestimmter Wahrnehmungskanal besonders ausgeprägt ist. Bei mir ist es der akustische. Wenn ich z. B. vor einer Schulklasse stehe und eine Schülerin mir aus der ersten Reihe einen Satz zuwirft und gleichzeitig in der letzten Reihe eine andere in ihrem Mäppchen raschelt, verstehe ich meist nicht, was das Mädchen aus der ersten Reihe von mir möchte. Die Rückfragen sind mir oft peinlich.

In Zügen schirme ich mich durch Kopfhörer von Gesprächen – auf der anderen Seite des Waggons – ab, um mich auf mein Buch zu konzentrieren. Alle Geräusche scheinen dieselbe Lautstärke zu haben, egal, wie weit sie von mir weg sind.

Während viele Frauen Einkaufszentren mit verschiedensten Mode- und Kosmetikgeschäften lieben, sind diese für mich der absolute Horror. Innerhalb einer Stunde fühle ich mich bereits überfordert und vergesse, was ich eigentlich Dringendes kaufen wollte. Oft verlasse ich den Ort dann mit flatternden Nerven und völlig ausgelaugt.

Ich vermeide Menschenmengen nicht, minimiere jedoch die Dauer und Dosis. Auch an Feiern, Großveranstaltungen, Stadion- und Konzertbesuchen nehme ich weiterhin mit Freude teil, plane mir jedoch anschließend möglichst viel Erholungszeit in einer geräuscharmen Umgebung ein. Manchmal nehme ich für ein aufregendes Event auch Kopfschmerzen in Kauf. Ich habe mich damit arrangiert.

Es stimmt: Hochsensible brauchen ausreichend Zeit, am besten alleine, um alle Eindrücke sauber zu verarbeiten und in eine sinnvolle Ordnung zu bringen. Erst dann ist ihr System in der Lage, sich wieder neuen Dingen zuzuwenden. Dabei fühlen sie sich keineswegs einsam, sondern tanken auf. Die meisten HSPs sind gerne allein, brauchen gleichzeitig aber auch immer wieder die Nähe zu empathischen anderen Menschen, mit denen sie tiefe Gespräche führen können. Gruppenkonversation und oberflächlicher Small-Talk können sie zwar bewältigen; sie empfinden das jedoch oft als lästig bis grauenvoll.

Aus diesem Grund sitze ich sehr gerne alleine in einem ruhigen Café und lese. Nach einer extrem belastenden Phase ziehe ich mich manchmal für eine mehrtägige Auszeit in eine kleine Pension oder ins Kloster zurück. Oft verliere ich mich im Augenblick.

Manche HSPs sind näher „am Wasser" gebaut und weinen spontan mit, wenn sie einen tiefgründigen Film sehen oder in eine berührende Geschichte ihres Gegenübers eingeweiht wurden.

Sie sind sehr mitfühlend gegenüber Tieren und scheinen in mancher Hinsicht „einen magischen Draht" zu ihnen zu besitzen.

Das könnte zum Beispiel auch meine – zwanghaft anmutende – Neigung erklären, leicht angetrocknete, aber noch lebendige Regenwürmer vom Radweg pflücken zu müssen und diese in die naheliegende feuchte Erde zu betten. Wenn ich es eilig habe, kann das mitunter ziemlich stressig werden, weshalb ich dann meinen Blick lieber starr geradeaus auf den Weg hefte.

Wenn eine unserer beiden Katzen voller Stolz einen verletzten Vogel oder eine zappelnde Maus bringt, erfasst mich die blanke Wut und ich starte jeglichen Versuch, das wehrlose Opfer aus den Klauen seiner Wilderer zu befreien. Gleichzeitig behandle ich die geliebten Jäger kurz darauf wieder so, als ob sie meine eigenen Kinder wären.

Es ist bekannt, dass HSPs über ein hohes Maß an Kreativität, Intuition und Empathie verfügen, was sie für viele innovative Arbeitsbetriebe und Start-Ups attraktiv macht.

Was ich ebenfalls aus eigener Erfahrung kenne: Nicht selten spüren hochsensible Personen bereits beim Eintritt in einen Raum mit mehreren Menschen, wenn eine bestimmte negative Stimmung in der Luft liegt. HSPs sind deshalb häufig in Berufsgruppen wie Musiker, Künstler, Therapeuten, Coaches, in sozialen Bereichen, z. B. in der Seniorenpflege, zu finden.

Sehr häufig entscheiden sich HSPs auch für einen Wechsel aus einer Angestelltentätigkeit in die Selbstständigkeit. Letztere erscheint oft ideal: Dort können sie selbstbestimmt agieren, sich ein ausreichend ruhiges Arbeitsumfeld schaffen und sich bewusst mit Menschen umgeben, die ihnen guttun, ohne sich in Gesprächen auszulaugen oder Konflikte und Streitereien befürchten zu müssen.

Aufgrund ihrer guten visuellen Vorstellungsfähigkeit gelingt es hochsensiblen Personen, Situationen gedanklich und detailreich vorwegzunehmen. Oft fallen ihnen im Vorübergehen minimal kleine Details in ihrer Umgebung auf, die anderen verborgen bleiben.

Das Entdecken des Phänomens *Hochsensibilität* war für mich eine zusätzliche Offenbarung und ein weiterer bedeutsamer Meilenstein auf meinem Weg zur Heilung und zu mir selbst. Das zu kennen gibt mir die Macht und Befähigung zu sehen, dass ich gut bin, wie ich bin. Dass ich mich auch mit meinen starken Emotionen authentisch zeigen darf.

Seit dieser Erkenntnis fühle ich mich stärker und selbstbewusster. Es ist eine zusätzliche Kompetenz und kein Defizit, eine große Ressource, ein weiterer Kompass, der mir bewusstmacht, wann ich mich überfordert habe. Es ist ein unverhofftes Geschenk für mein weiteres Leben und ein „Booster" für meinen weiteren Weg zu mehr Selbstwertgefühl, Sinn und zu meiner eigenen Bestimmung.

Selbstsabotage versus Selbstmitgefühl

Der Raum füllte sich mit halblaut schwatzenden Erwachsenen. Aus dem Zusammenhang gerissene Wortfetzen wie „übel geschlafen" oder „Angehörigengespräch" oder „schwindlig" lösten sich aus dem Stimmengemurmel. Inmitten der Kleingruppe saß ein schweigender Mann, den ich bisher nur vage beim Frühstück am Nachbartisch wahrgenommen hatte – ah, der Neue war in meiner Kerngruppe gelandet – interessant.

Der für die heutige Kleingruppensession zuständige Psychologische Psychotherapeut drehte nach einer knappen Begrüßung das Plakat des Flipcharts mit ausladender Geste nach hinten. „So, nun seid ihr wieder dran." Mit quietschendem Filzstift schrieb er den Namen des Neuankömmlings als Überschrift auf das große Papier.

Ich liebte dieses Willkommensritual, hatte ich doch erst vor wenigen Wochen die wohltuende Wirkung dieser „Seelendusche" am eigenen Leib erfahren. Nach und nach warfen nun die Alten ihre Sätze in den Raum, die entweder reinste Spekulationen waren oder auf der Grundlage einer allerersten kurzen Begegnung am Morgen beruhten. Wie jedes Mal war die Seite des Flipcharts innerhalb von wenigen Minuten vollgeschrieben. Mit dem typischen „Raaaaaaaaaatsch"-Geräusch löste unser Moderator das dicke Papier und übergab es mit wichtiger Geste an den verblüfften Patienten, der seine Rührung nicht zu verbergen wusste. Ich warf ihm ein breites Grinsen zu. Verblüffenderweise erschienen bei diesem wiederkehrenden Ritual fast ausnahmslos Attribute und Eigenschaften, die in irgendeiner Weise mit dem neuen Gruppenmitglied zu tun hatten oder zumindest positiv in Resonanz gingen. Das war selbstverständlich beabsichtigt und mit der Regel „nur wertschätzende und positive Einschätzungen sind erlaubt" eindeutig reglementiert – ein bekanntes Tool in der Gruppentherapie, was ich damals natürlich noch nicht wusste. Auf jeden Fall ist das eine sehr wirksame Methode, die einer geschundenen, vernachlässigten Seele, einem vom Leben gebeutelten und vom Klinikstart überforderten Neuankömmling eine pure Wohltat ist.

„Sympathisch, herzlich, gute Zuhörerin", das steht auf meinem Willkommenspapier, das ich bis heute sorgsam aufbewahrt habe. Viele Monate lang prangte es von der Wand in dem umfunktionierten Gästezimmer, das ich nach der Klinik als meinen Rückzugsbereich deklariert hatte.

In meiner ersten Gruppentherapie war ich von dem Flip-Chart-Ritual ähnlich überwältigt und von Tränen überrollt, auch wenn diese überraschende Mittelpunktstellung zunächst Unbehagen in mir ausgelöst hatte. Doch das verflog in Gesellschaft dieser engagierten, wohlwollend und fürsorglich wirkenden Menschen.

Obwohl sie mich noch nicht kennen konnten, strengten sie ihr Hirn nur für mich an, um mir mit wertschätzenden Worten den Einstieg zu erleichtern und zu vermitteln: „Hey, wir ahnen, wie du dich gerade fühlst und was du brauchst. Du bist willkommen und du darfst einfach nur da sein."

Das hat sich einschneidend und nachhaltig in meinem Gedächtnis eingebrannt. Seitdem bin ich viel engagierter, was verbale Wertschätzung gegenüber Mitmenschen und das Aussprechen eines Komplimentes oder Lobes anbetrifft – ob ich sie kenne oder nicht. Zeitweise mag das ein wenig übertrieben erscheinen und kann unbeabsichtigt zu Irritationen oder Missverständnissen führen, wenn ich z. B. einer wildfremden Passantin spontan rückmelde, dass sie eine sehr sympathische Ausstrahlung habe.

Oft ernte ich dafür ein Danke, das irgendwo zwischen einer komplett überraschten und einer misstrauischen Gesichtsmimik zu finden ist. Auf jeden Fall fühle ich mich fast ausnahmslos besser, wenn ich jemanden mit netten Worten „erreicht" habe. Ich empfehle dir, das einmal auszuprobieren, vor allem wenn du selbst einen schlechten Tag hast.

Noch einfacher ist es, einem zufälligen Passanten einen Moment lang mit offenem Blick und leichtem Lächeln direkt ins Gesicht zu schauen. Fast immer lächelt die Person zurück – auch wenn sie das gar nicht wollte, den Spiegelneuronen sei Dank.

A propos: Ein Lächeln hat einen günstigen Einfluss auf die Seele. Lächeln und Lachen sind bekanntlich ansteckend. Vermutlich gibt es deswegen auch „Lach-Yoga-Seminare".

Auch meine Therapeutin wusste das klug einzusetzen, indem sie mich bei meinen Entspannungsübungen immer dazu aufforderte, „mir selbst ein Lächeln zu schenken" – selbst wenn ich mir dabei vorkam wie eine verklärte, blöd grinsende Verrückte auf Droge.

Doch zurück zu meinem Flipchart-Blatt: „selbstbewusst" stand auch darauf. Bis heute ist es mir ein Rätsel, von wem und woher diese Spekulation gerührt hatte. Damals war ich jedenfalls fest davon überzeugt, dass die Person keinesfalls mich gemeint haben konnte. Zu jener Zeit war ich nach eigener Einschätzung weiter weg von einem gesunden Selbstbewusstsein als Tokio von sauberer Luft.

Seit einigen Jahren taucht auf den Titelseiten renommierter Frauenzeitschriften immer wieder der Begriff *Selbstliebe* auf. *Liebe dich selbst und es ist egal, wen du heiratest* (Eva-Maria Zurhorst, 2007) lautet der Titel eines Buches, das ich verschlungen habe, als ich das Schlimmste überwunden und neue Ziele hatte. Das Gleiche gilt für das nachfolgende Werk *Liebe kann alles* (Eva-Maria Zurhorst, 2022). Es handelt davon, wie Frauen zu sich selbst zurückfinden und lernen, ihr Leben zu gestalten. Die Autorin dieser Bücher war eines jener Vorbilder, die mich motiviert haben, Stärke und Zuversicht aus meiner Krise zu ziehen. So las oder hörte ich beim Friseurbesuch oder am Bahnhofskiosk, dass wir uns selbst lieben sollen, damit wir auch andere lieben und uns mit uns selbst wohlfühlen können. Im Prinzip leuchtete mir das ein.

Doch akute psychische Ausnahmezustände wie Burnout, Depressionen, Ängste oder Panik gehen fast ausnahmslos mit einem Verlust des Selbstwertgefühls einher.

Auch ich hatte diesen einen Aspekt der Liebe bis zu meinen Mittvierzigern sträflich vernachlässigt: Die Fähigkeit, mich selbst zu lieben. Doch wie sollte das gehen? Ist das nicht anmaßend oder egoistisch, sich selbst lieben zu wollen? Oder ist es gar – um ein weiteres inflationär gebrauchtes Modewort zu verwenden – „narzisstisch"?

Vielleicht fällt es manchen leichter, von *Selbstannahme* zu sprechen: Sich selbst mit seinen Ecken und Kanten anzunehmen, wertzuschätzen und zu erlauben, seine eigenen Bedürfnisse hin und wieder über die Wünsche und Erwartungen der geliebten Menschen seines Umfelds zu stellen. Nein, das ist nicht egoistisch.

Die Realität in meinem persönlichen und therapeutischen Umfeld ist: Die meisten von uns neigen tagtäglich zu *Selbstsabotage*. *Sabotieren* bedeutet u. a. *„vereiteln, zunichtemachen, zu Fall bringen, behindern, bekämpfen"*.[13]

Zu Fall bringen und *zunichtemachen*? Ernsthaft? Kämpfen wir tatsächlich lieber eine „Schlacht gegen uns selbst" anstatt uns zumindest „ganz okay" zu finden?

Einer meiner Lieblingssprüche ist „Was Tanja über Lisa sagt, sagt mehr über Tanja aus als über Lisa". Ich äußere ihn oft gegenüber Klienten: Z. B. berichtete mir eine Klientin, dass sich eine Kollegin im Beisein des Chefs negativ über sie ausgelassen hätte. Meine Klientin war frustriert und wütend darüber, weil sie in diesem Moment sprachlos und ohnmächtig zurückgeblieben war. Sie fragte sich, was sie falsch gemacht haben könnte. Ob die Kollegin sie nicht leiden könne. Ob sie etwas übersehen hatte? Sie zweifelte an ihrer eigenen Wahrnehmung und suchte den Fehler bei sich selbst und nicht bei der Kollegin.

Welches Motiv könnte bei Tanja bestehen, wenn sie Lisa vor anderen oder in einer Vier-Augen-Situation versucht „klein" zu machen, zu beschämen oder zu verletzen? Könnte es nicht sein, dass sie Lisa erniedrigt, damit sie selbst „erhöht" ist? Könnten vielleicht Neid oder Eifersucht als wahrer Grund darunterliegen? Oder könnte Tanja einfach einen miesen Tag gehabt haben und Lisa diente aufgrund ihrer empathischen und zurückhaltenden

[13] www.duden.de/synonyme/sabotieren

Art als hervorragendes Ventil? Das wahre Motiv kennen wir nicht. Doch sowohl bei Tanja als auch bei Lisa geht es um ihren eigenen *Selbstwert*, ihr individuelles *Selbstwertgefühl*.

Unter dem *Selbstwertgefühl* verstehe ich die Bewertung der eigenen Person durch sich selbst, und zwar in Beziehung zu den Bewertungen durch andere. Dabei geht es immer auch um das Vergleichen. Deshalb sind die sozialen Medien oft so unsozial und schaden dem Selbstwertgefühl von vielen wundervollen Charaktermenschen. Oder sie treiben Mädchen, die sich im Vergleich zur gefakten Identität „zu fett" oder „hässlich" finden, in Magersucht oder Bulimie, Depressionen, Selbstverletzungen bis hin zu Suizidabsichten.

Zurück zu Lisa und Tanja: Wer von beiden hat nun das geringere Selbstwertgefühl? Lisa? Weil sie sich – vielleicht vor Verblüffung oder aus Höflichkeit – nicht wehren kann? Oder ist es Tanja?

Da wir beide aufgrund der Fiktion nie kennen lernen werden, bleibt die Antwort auch hier im Verborgenen.

Dennoch: Wahrscheinlich werden beide Frauen mit ihrem verringerten Selbstwertgefühl zu kämpfen haben, nur Tanja hat sich vielleicht in ihrer Vergangenheit ein „dickeres Fell" zugelegt und ist deshalb geübt darin, sich durch abwehrende Sätze vorsorglich zu schützen. Verteidigung ohne Angriff. Lieber vorher austeilen als hinterher (wieder) einstecken müssen – so wie ihr verletztes *Inneres Kind* das vielleicht vor langer Zeit erfahren hat.

Seit ich mir das verdeutlicht habe, kann ich viel besser mit Kritik oder einer irritierenden Äußerung umgehen, anstatt mich hinterher mit Gedankenschleifen und Selbsterniedrigung zu quälen. Mein neu gestähltes Selbstwertgefühl gibt mir das nötige Selbstbewusstsein, entweder mit der Gegenfrage „Wie meinst du das jetzt genau?" oder mit „Willst du mir damit vermitteln, dass … (die Worte des Gegenübers wiederholen)?" zu reagieren.

Wenn mich jemand z. B. beim Parken scheinbar grundlos anraunzt, weil in letzter Zeit angeblich „immer" seine Ausfahrt blockiert sei, hilft es mir, der Person mit freundlichem Gesichtsausdruck zuzuhören, gleichzeitig innerlich tief auszuatmen und mir dadurch Ruhe zu verordnen. So spüre ich mittlerweile blitzschnell, ob ich ein Ventil für seinen Ärger oder tatsächlich im Unrecht bin. In beiden Fällen erspare ich mir unangenehme Gefühle, für die ich selbst verantwortlich bin, weil ich sie zulasse. Es heißt meist: „Er ärgert mich." Vielmehr müsste es lauten „Ich lasse den Ärger zu, den er in mir verursachen möchte."

Wir haben so viel Macht über unsere Gefühle. Wir können sie steuern und entscheiden, ob wir negative Stimmungen von anderen übernehmen wollen oder nicht. Es sind zig Mini-Entscheidungen, die wir an einem einzigen Tag für uns selbst treffen. Wir können uns fragen: „Will ich mir jetzt tatsächlich die Feier versauen lassen oder schnappe ich mir mein Glas und gehe auf die Terrasse oder wende mich anderen Personen zu?"

Bei verbalen Übergriffen frage ich mich: „Habe ich mir bewusst etwas vorzuwerfen oder mich falsch verhalten? Nein?" Dann gebe ich das unangenehme Gefühl an den Sender zurück.

Das ist auf jeden Fall sinnvoller und gesünder, als sich in sinnlose Rechtfertigungstiraden zu verstricken. Auch das ist Abgrenzung. Aus reinem *Selbstschutz* und *Selbstmitgefühl*.

Im Zusammenhang mit psychischen Störungen fallen auch die Begriffe *Selbstbestimmung* und *Selbstwirksamkeit*. Was bedeuten sie?

Wenn ich einen therapeutischen Prozess begleite, sind die beiden Bezeichnungen oft ein Zeichen für die beginnende Genesung. Mit Kunsttherapie gelingt es mir, depressive und erschöpfte Menschen wieder zurück in ihre *Selbstwirksamkeit* zu bringen, damit sie merken: Ich kann noch immer etwas in meinem Leben bewirken. Ich bin in der Lage, produktiv zu sein und auch in meinem Umfeld Gutes zu bewirken und Sinnvolles zu schaffen. Das sorgt gleichzeitig für die Erhöhung des Selbstwertgefühls.

Und es fördert das Bedürfnis nach Autonomie – nach Selbstbestimmung – zutage. Selbstbestimmung sorgt für innere Freiheit – was wiederum das Selbstwertgefühl stärkt.

Deshalb ist es so wichtig, ins Tun zu kommen, anstatt in einer Opferhaltung, im Tal des Jammerns zu verharren und sich einzuigeln. Wer erschöpft, traurig, erstarrt und einsam in einem psychischen Loch sitzt, hat es definitiv sehr schwer, alleine herauszukrabbeln. Er muss zumindest die Kraft aufbringen, seinen Kopf zu heben, damit er die Hände sieht, die ihm von starken, kompetenten oder erfahrenen und mitfühlenden Mitmenschen entgegengestreckt werden.

Wer aus einem Loch herauskrabbeln möchte, muss sich bewegen, muss selbsttätig werden. Eine kleine Bewegung, selbst eine klitzekleine, ist selbst im tiefsten Loch immer möglich!

Sowohl die Psychologen, Psychiater und Psychotherapeuten in der Klinik als auch die ambulanten Therapeuten haben mir unzählige Tricks, Übungen, Tools und Sätze auf meinem Weg mitgegeben. Wenn ich nichts davon angenommen und angewendet hätte, würdest du dieses Buch sicher nicht in den Händen halten.

Wie steht es also mittlerweile um mein *Selbstbewusstsein*? Ich sage: Es ist hoch genug. Unzählige Übungen, transformierte Glaubenssätze und reale Situationen haben es mit der Zeit wachsen lassen. Dabei hat mir geholfen, so oft wie möglich ehrlich und authentisch zu sein und über meine Empfindungen zu sprechen, ganz bei mir zu bleiben.

Doch ist es nicht auch riskant, so offen seine Gefühle zu zeigen? Nun, es gibt definitiv Menschen, die diese Offenheit ausnutzen oder gegen mich verwenden. Doch ich erkenne das mittlerweile zügig, weil ich gelernt habe, mit mir selbst und meinen Gefühlen im Einklang zu sein.

Ich muss nicht mehr von allen gemocht werden, um mein Ego streicheln zu lassen oder meinen Selbstwert daran zu messen. Auch Vergleiche sind Gift.

Mittlerweile weiß ich, dass ich in Ordnung bin, wie ich bin: mit Ecken, Kanten, Schusseligkeit, meiner Hypersensibilität und sichtbaren Nervosität. Das fühlt sich frei und wunderbar an!

Lizenz zum Ent-Täuschen

Das kleine Mädchen saß mit hochgestecktem Haar vor dem riesigen Spiegel. Sie wartete, bis die nette Friseurin zurückkam, die noch einmal kurz im hinteren Bereich des Geschäfts eine Dauerwelle zu perfektionieren versuchte. Das Kind fühlte sich sehr unsicher, als sie in ihr Spiegelbild blickte. Hoffentlich schnitt sie nicht zu kurz. Nun spürte sie den Schmerz an der rechten Ohrmuschel wieder. Wenige Minuten zuvor hatte ihr die junge Frau im Kittel die Haare mit Haarklammern fixiert. Leider machte sie dabei eines dieser Beißzangendinger nicht nur an den Haarsträhnen, sondern gleichzeitig auch an ihrem Ohr fest. Das Mädchen hatte es sofort gemerkt, doch gedacht, dass es schon nicht so schlimm wäre. Leider wurde der Schmerz von Moment zu Moment immer stärker. Schier unerträglich bohrte sich das harte Plastik in die dünnhäutige Ohrmuschel. Wo blieb nur die Friseurin? Endlich – nach knapp zehn Minuten dieser Tortur löste diese die Klammer mit einem Lächeln – sie hatte nichts von dem Martyrium mitbekommen.

Unschwer zu erraten: Das kleine Mädchen war ich. Die Szene war einschneidend für mich – buchstäblich: lieber den Schmerz aushalten, als die Friseurin in Verlegenheit bringen.

Lieber nichts sagen. Keinen Konflikt riskieren. Diese Haltung beherrschte sehr lange mein Leben. Ich war früher unheimlich schüchtern und zudem gewohnt, dass andere – meine Eltern, meine Tante und meine Geschwister – meine Entscheidungen übernahmen. Damit es schneller ging. Damit nicht noch mehr diskutiert wurde, und schnell wieder Harmonie in den Alltag einkehrte.

Ich hatte das gelernt, ohne mich daran zu stören. Es war ja auch einfacher, zu folgen und nicht selbst führen zu müssen. Das ist es immer. Die meisten Menschen gehen den bequemeren Weg. Das liegt in ihrer Natur. Warum also anstrengen? Warum sollte ein Kind oder eine Teenagerin, die mit ihrem Körper und anderen Baustellen zu kämpfen hatte, auf die Idee kommen, etwas zu hinterfragen? Mir ging es doch gut.

Ungefragt feierte ich Erstkommunion und Firmung, passte mich den Vorschlägen meines Umfelds an und fügte mich. Ich durfte in den Rollschuhverein und lernte Orgel spielen – wie meine Schwestern auch –, weil meine Oma väterlicherseits das auch tat. Auch wenn ich viel zu wenig übte, blieb ich dran und hielt meinen Mund, obwohl mein Lehrer ein exzentrischer Despot war, der seine schlechte Laune an mir (und meinen Schwestern) ausließ, und dafür noch von meiner Mutter Kaffee und Kuchen hingestellt bekam. Ich war eingeschüchtert und hatte regelmäßig Angst vor den Orgelstunden. Ein Wunder, dass ich die Liebe zum Musizieren bis heute behalten habe. Meine DNA war offensichtlich stärker. Zum Glück!

Auch als mich als Zwölfjährige in einem Zugabteil ein fremder Mann „unsittlich" berührte und ich vor Überraschung und antrainiertem Respekt nichts sagen konnte, blieb ich weiterhin „nett". Ich hakte das ohne weitere Folgen ab.

Schwierig wurde es, als erste eigene Entscheidungen anstanden: die Wahl der Leistungskurse vor dem Abitur – Französisch und Bildende Kunst – verlief in meinem Sinne, weil mir die Fächer einfach Spaß machten und ich die Lehrkräfte toll fand. Als danach lebensbedeutsame Veränderungen anstanden, wurde es schwierig. Selbstverständlich holte ich Rat ein, vorzugsweise bei meiner Mutter und meinem ersten festen Freund. Sie bemühten sich von außen, mir meine Vorlieben und Neigungen bewusst zu machen und diese sinnvoll in die Entscheidung für meinen beruflichen Weg einzubringen. Ich war mir trotzdem komplett unsicher und hatte Sorge, dass ich mich falsch entscheiden könnte.

Dass ich leidensfähig war, wusste ich nicht nur durch die Erfahrungen mit der Haarklammer. So entschied ich mich für das Soziale Jahr und lernte, erwachsenen Männern mit Handicaps bei der Pflege zu helfen. Da mein Freund ohnehin zur selben Zeit in die Bundeswehr einrücken musste, passte das für mich gut. Inwiefern meine spätere Entscheidung, Lehramt zu studieren, der Tatsache geschuldet war, dass mein Vater ebenfalls im Schuldienst war, bleibt vage. Vermutlich hatte es einen hohen Anteil daran.

Bei persönlichen Entscheidungen geht es oft um Anpassung. Diese Eigenschaft ist bekanntlich weit verbreitet. Unzählige Unternehmer, die in nächster Generation eine Firma übernommen haben oder Lehrerinnen, die auf Empfehlung ihrer Eltern „etwas Familienfreundliches" studierten, werden nun eifrig nicken. Genauso wie die Leser, die mit ihren eigenen Kindern, Partnern und mit ihren älter werdenden Eltern in einem Haus zusammenleben.

Dadurch, dass ich bereits kurz nach dem Abitur aus dem Haus meiner Kindheit ausgezogen war, hatte ich früh die Chance, auf meine eigenen Füße zu fallen. Meine Eltern bestärkten mich darin, weil ihnen das Grundbedürfnis nach Autonomie und Selbstverwirklichung ebenfalls wichtig war.

So musste ich mich zwangsläufig auch durch Phasen von Einsamkeit und Frust kämpfen. Zur Not griff ich eben zum Telefonhörer und holte mir Rat bei meinen Eltern ein. Ich telefonierte oft, vor allem mit meiner Mutter. Hinterher ging es mir fast immer besser. Meine Unsicherheiten waren manchmal wie weggeblasen, weil ich nun wusste, was ich als nächstes zu tun hatte – meine Mutter kannte mich schließlich am besten und ihre Meinung war mir heilig.

Einige Jahre lang schaffte ich es, mich fast ausschließlich um mein eigenes Leben zu kümmern und mich weiter von meinem Elternhaus abzunabeln. Die Eigendynamik meines Studiums und die Wochenendbeziehung mit meinem Freund (die immerhin neun Jahre andauerte) ließ ohnehin wenig Zeit und Gelegenheit für angepasstes Verhalten. Ich ging mit wachsendem Selbstbewusstsein meinen eigenen Weg und reifte durch Auslandspraktika, Jobs und Prüfungssituationen, und die mehr oder weniger vernünftigen Einflüsse meiner Kommilitonen. Ich begann, meine Freiheiten zu lieben und ließ kaum Gelegenheiten aus, um mich auszuprobieren und meine Komfortzone zu verlassen, damit ich neue aufregende Erfahrungen sammeln konnte. Der „Weg des geringsten Widerstands" ist mir bis heute ein Gräuel.

Nach jeder bewältigten Herausforderung – wenn sie ausreichend „vernunfttauglich" war – berichtete ich meinen Eltern davon, auch wenn mehrere tausend Kilometer Entfernung dazwischenlagen. Ich wollte, dass sie stolz auf mich sind und ihnen beweisen, dass ich selbständig bin.

Seit meinen Zwanzigern lebe ich mehr als eine Stunde Autofahrt entfernt von meiner Familie. Ohne es bewusst zu wollen, folgte ich dennoch meinen Prägungen und Konventionen. Als ich in meinem Berufsleben fest im Sattel saß, meinen Mann kennenlernte und meine Kinder bekam, war ich viel zu abgelenkt, um mich daran zu stören. Mein oberstes Gebot, keinesfalls zu nah an das Elternhaus meines Mannes zu ziehen, hielt ich ein. Ich wollte meine Autonomie wahren, keine neuen Abhängigkeiten schaffen und war gleichzeitig dankbar, wenn ich ab und zu meine Schwiegereltern zur stundenweisen Kinderbetreuung einsetzen konnte. Vor allem meine Mutter unterstützte uns sehr, reiste oft für mehrere Tage an oder betreute die Kinder – und oft auch mich – bei sich zu Hause. Ich war voller Dankbarkeit.

Erst als ich vierzig geworden war, registrierte ich zuerst vage, dann sehr deutlich, dass mich nach den Telefonaten mit meinen Eltern zunehmend ein „komischer emotionaler Nachklang" überfiel. Nicht jedem „gut gemeinten Rat" konnte ich mehr folgen und begann, diesen zunehmend zu hinterfragen. Eines Tages erinnerte mich mein Mann zu Recht daran, dass ich nicht weiterhin unreflektiert die Ansichten meiner Eltern teilen müsse, sondern sie durchaus auch in Frage stellen dürfe. Das brachte mich in Bedrängnis, weil ich daran gewöhnt war, meinen Eltern möglichst vieles recht und sie weiterhin glücklich und zufrieden zu machen.

Ich liebte den Austausch mit ihnen noch immer, zumal ich das Gefühl hatte, dass sie mich mittlerweile richtig ernst nahmen und mich auf Augenhöhe sahen. Doch immer öfter fühlte ich mich hin- und hergerissen zwischen dem Gefühl, meinen Eltern gegenüber dankbar und freundlich sein zu müssen, und meinem Drang, mich gleichzeitig gegen sie abzugrenzen. Meinem Mann war ein derart enges emotionales Eltern-Kind-Verhältnis eher fremd, und offensichtlich war ihm der noch immer starke Einfluss meiner Familie ein Dorn im Auge – was ich sehr gut verstehe. Denn ich wehrte mich umgekehrt vehement gegen Einflüsse oder Einmischungen aus seiner Familie. Mein Hochglanz-Polaroid der „netten und lieben Nati" bekam Risse. Das angepasste Kind wollte nun endlich erwachsen werden.

Auch wenn ich wertschätzend bleiben wollte, vergriff ich mich in manchen Telefonaten im Ton, weil ich genervt war, wenn meine Mutter ihre eigenen Ängste und Sorgen auf meine Söhne projizierte, wenn wir zum Beispiel eine aus ihrer Sicht – viel zu riskante – Bergtour in Angriff nehmen wollten.

Im Laufe meines eigenen Prozesses, dessen Beginn sicherlich auch mit dem Beginn der Wechseljahre zusammenhing, spürte ich den Drang, mich gegenüber anderen zu behaupten und meine Bedürfnisse wieder vermehrt durchzusetzen. Das ähnelte beinah pubertären Verhaltensweisen. Weil meine Jungs mich als Mama nicht mehr rund um die Uhr brauchten, wuchs mein Autonomiebedürfnis von Tag zu Tag weiter. So begann ich mich nicht nur von meinen Eltern, sondern auch von meiner Familie abzugrenzen. Wie das weiterging, habe ich in den vergangenen Kapiteln ausführlich beschrieben.

Meine Mutter – besorgt um die Harmonie und den Zusammenhalt innerhalb unseres Vierer-Kleeblatts – machte keinen Hehl daraus, dass sie meinen Individualisierungsprozess kritisch sah. Sie fand es egoistisch, wenn ich zu oft abends wegging, zu einer Auszeit mit Freundinnen oder allein ins Kloster ging und meine Männer sich selbst überließ. Das begann mit vorsichtigen Fragen wie „Was sagen deine Männer dazu?" bis zu vorwurfsvollen „Das kannst du nicht machen" oder „Bei mir standen meine Kinder immer im Vordergrund". Ich fühlte mich oft schrecklich, zwischen meinem Drang nach Leben, dem schlechten Gewissen und der Sorge, dass ich meine Familie vernachlässigen könnte.

Irgendwann fiel der Satz, den ich schon immer gefürchtet hatte: „Ich bin enttäuscht von dir!"
Der Satz hatte seine Wirkung nicht verfehlt. Mein Fundament schien unter mir wegzubrechen. Meine Therapeutin erklärte mir später, dass das eine der passiv-aggressivsten Äußerungen ist, die man gegenüber einem geliebten Menschen aussprechen kann. Dennoch sei wichtig zu erkennen, welche eigentliche Wahrheit dahinterliegt und dass darin die immense Chance steckt, eine langjährige Beziehung für alle Beteiligten positiv zu wandeln, auch wenn es zunächst sehr weh tut.

Die eigentliche Wahrheit hinter dem Wort Enttäuschung lautet: *Ent-Täuschung* bedeutet nichts anderes, als dass davor eine *Täuschung* im Raum lag, die vielleicht bereits seit Kindertagen bestand, jedoch unter „bewährten" Konventionen, Glaubenssätzen und Anpassungsdruck verdeckt war. Die Betreffenden hatten vielleicht weder den Mut noch den Veränderungsdruck, die Täuschung aufzudecken, sich zu fragen, wer sie tatsächlich sind, wie ihre eigentlichen Bedürfnisse lauten und welcher Teil ihrer Vorfahren nie wirklich ihr eigener war.
Deshalb habe ich erkannt, dass Ent-Täuschungen unerlässlich sind, wenn man sich entschieden hat, seinen eigenen Weg mit Klarheit, Entschiedenheit und Authentizität zu gehen. Es geht dabei niemals ohne schmerzhafte Gefühle, die entstehen, wenn sich die Liebsten mit einer selbstbestimmten Äußerung vor den Kopf gestoßen fühlen. Ent-Täuschung muss sein! Wenn das Fundament der Liebe stark genug ist, passiert meist nichts Schlimmeres als irritierte Rückfragen und schlimmstenfalls eine Weile Funkstille, eine Bedenkzeit.

Abgrenzen, Vergeben, Loslassen

Veränderungs- und Abgrenzungsprozesse kommen meist nie ohne seelische Schmerzen aus. Diese Reifung ist meiner Meinung nach auch eine Form der *Verschlimmbesserung*. Doch im günstigsten Fall wachsen letztlich alle daran und sind in der Lage, von einem abgewandelten Standpunkt aus ein neues Fundament aufzubauen, das für wundervolle Aussichten und ungekannte Erfahrungen sorgen kann. Nicht selten entstehen nach einem derartigen Loslösungsprozess mehr Lebenslust und Sinnhaftigkeit – auf beiden Seiten.

Loslösen hat immer auch etwas mit Vergebung zu tun. Was ist z. B., wenn der Sohn nach der Trennung seiner Eltern nach Australien auswandert und sich jahrelang nicht bei seiner Mutter meldet? Oder wenn eine Erbstreitigkeit Geschwisterverhältnisse sprengt und diese sich darüber jahrelang kontaktlos ausschweigen?

Wie traurig ist das, wenn sich die beiden Parteien bei der Beerdigung eines nahen Angehörigen wiedertreffen (oder aus falschem Stolz oder Angst fernbleiben) und bestenfalls erkennen, welch banaler Auslöser zu dem Kontaktabbruch geführt hat? Oder dass der damalige Grund längst vom Lauf des Lebens überholt und bedeutungslos geworden ist? Ein einziger Sprung über den Schatten des Egos, ein banaler Anruf, hätte vielleicht genügt, um Missverständnisse auszuräumen und all die unangenehmen Gefühle nicht fühlen zu müssen: die Wut, die Traurigkeit über den Verlust, die Sehnsucht nach den verloren geglaubten eigenen Wurzeln, die Resignation.

Das Schlüsselwort lautet hier und auch bei Krisen ohne Kontaktabbruch: *Vergebung*.

In therapeutischen Sitzungen wird manchmal tief in der Vergangenheit des Klienten gegraben, oft mit der Absicht, nach vermeintlich „Schuldigen" zu suchen. Nicht selten wird die „Schuld" für eine traumatische Erfahrung oder eine ungesunde Eltern-

Kind-Beziehung bei den Eltern gefunden. Dem Begriff „Schuld" ziehe ich das Wort „Verantwortung" vor. Denn wie kann eine emotional unterkühlte Mutter mit Alkoholproblemen „schuld" sein, wenn sie selbst eine Mutter hatte, die vielleicht zu Kriegszeiten keine Bindung zu ihrer Tochter aufbauen konnte, weil diese wiederum ebenfalls Distanz und Kühle von ihren eigenen Eltern erfahren musste?

Sicher gibt es bei schweren Verletzungen und Traumata wie Missbrauch, Gewalterfahrung und Suizid verständliche Gründe für Betroffene, nicht verzeihen zu können. In diesen Fällen empfehle ich den Opfern, diese als unerträglich empfundene, aber vergangene Episode mit Hilfe einer empathischen Fachperson zu bearbeiten. Diese kann Halt bieten und dabei helfen, ein Ventil für überbordende Gefühle und eine Möglichkeit zu finden, das Geschehen in das Leben zu integrieren, ohne dass es immer wieder in Form von *Flashbacks* oder Alpträumen aufpoppt. Fachbegriffe aus der Traumatherapie lauten *containen*, der sichere Ort, die Tresorübung, usw.

Mit oder ohne therapeutische Hilfe geht es immer darum, stärkende Eigenschaften und freudvolle Erinnerungen zu finden und vorhandene Ressourcen bewusst zu machen, um künftig vermehrt positive Erfahrungen ins Leben zu ziehen. Das Ziel ist, trotz der einschneidenden Erlebnisse seinen Frieden zu finden.

Ich finde es wichtig, sich auf die Spuren seiner Herkunft zu begeben. Doch dabei geht es nicht darum, mit dem Finger auf Vorfahren zu zeigen und sich danach als „Opfer des Schicksals" zurückzulehnen. Nein, aus meiner Sicht geht es darum, die vergangenen Strukturen erst einmal zu sehen, sie nachzuempfinden und sie verstehen zu lernen. Wenn unverzeihliche Fehler in der Erziehungsleistung der eigenen Eltern auftauchen, so ist das sehr traurig und schmerzhaft und kann zu großem Leid führen. Dafür muss ausreichend Raum sein, um zu weinen, um zu wüten, um sich enttäuscht zurückzuziehen. Eine Zeit lang.

Jeder Vater, jede Mutter macht Fehler im Umgang mit ihren Kindern. Sie sind keine Maschinen. Entscheidend ist, dass sie ihnen nicht absichtlich oder vorsätzlich Schaden und Schmerzen zufügen.

Schon oft habe ich mir Gedanken darüber gemacht, inwiefern ich meinen eigenen Kindern durch meine psychische Krise Schaden zugefügt habe. Und ob sie sich womöglich schuldig gefühlt haben, weil ich so oft belastet gewirkt habe. Inzwischen habe ich sie befragt, wie es ihnen in jener Zeit vor fünf Jahren ergangen ist. Ihre Antworten beruhigten mich.

Falls sie vielleicht in einigen Jahren doch noch Redebedarf haben, hoffe ich, dass ich ihnen glaubhaft versichern kann: „Ihr wart keinesfalls schuld an meiner Lebenskrise. In meinem Buch stehen die Gründe. Ich habe mich immer bemüht, eine starke und vorbildhafte Mutter für euch zu sein. Heute bin ich dankbar, dass ich es wieder bin. Doch damals konnte ich es nicht besser. Es tut mir leid."

Doch wenn wir unser Leid nicht fortsetzen und unsere weitere Entfaltung nicht blockieren wollen – denn die Situation ist längst vorbei und unabänderlich – dann müssen wir irgendwann zu dem Punkt kommen, zu verzeihen und loszulassen. Selbst wenn die Verursacher bereits verstorben sind.

Es gilt, das Geschehene anzuschauen, zu reflektieren, mögliche Gründe dafür zu finden und sich letztlich von dem Groll zu lösen. Dabei können Loslassrituale, z. B. das Verbrennen von Zetteln, auf denen konkrete Gefühle und Situationen geschrieben sind, sehr befreiend sein.

Auch meine Eltern haben in meinem Leben keinen schlimmen Schaden hinterlassen. Außer ihrer Scheidung mit den entsprechenden Folgen ist ihnen aus Sicht der „kleinen Renate" nichts Gravierendes vorzuwerfen. Mein Ablösungsprozess konnte unserer Beziehung nichts anhaben. Ich habe meinen Frieden damit gemacht, dass sie mir manchmal versehentlich Schmerzen zugefügt haben, weil sie es damals nicht besser wussten und konnten. Doch ihre Absichten waren stets gut. Das habe ich eindeutig erkannt. Heute bin ich stolz und dankbar für alles, was sie mir mitgegeben haben.

Fazit: Es geht um die bewusste Entscheidung, verzeihen und loslassen zu wollen – die Entscheidung für ein besseres Leben mit mehr Ruhe, Gelassenheit und Frieden. Wir sind so viel mächtiger, als wir oft glauben.

Deshalb mein Appell an dich: Gib dir selbst immer wieder die Lizenz zum Ent-täuschen, dich abzugrenzen, anderen zu vergeben und Negatives loszulassen. Es lohnt sich.

Burnout, BEM, und was jetzt? – Beruf in neuem Licht

Wie viele Wochen war ich nun draußen – aus der Schule? Das Ausüben eines Berufs hat definitiv Vorteile: Es sorgt dafür, dass man morgens einen Grund hat, frühzeitig aus dem Bett zu kommen, bietet eine Tagesstruktur und zwingt einen dazu, unter Menschen zu gehen und neue Aufgaben zu meistern. Das schafft Selbstvertrauen und stärkt das Selbstwertgefühl. Weil Körper und Geist den Tag über in Bewegung sind, ist die Wahrscheinlichkeit hoch, dass man sich abends ins Bett legt und dann auch einschläft. Und einmal im Monat bekommt man die Entlohnung schwarz auf weiß. So weit, so gut.

Ich war nie arbeitsscheu, was einerseits an der Kombination „Reisefieber plus notorischer Geldknappheit" lag, andererseits an der Möglichkeit, sich sinnvoll am Gesellschaftsleben zu beteiligen und mit freundlichen Menschen kommunizieren zu können.

Nach meinem Klinikaufenthalt war ich noch ungefähr drei Wochen krankgeschrieben, bevor meine „BEM-Maßnahme" (Betriebliches Eingliederungsmanagement) – also die schrittweise berufliche Eingliederung beginnen sollte.

Je näher der Tag rückte, umso mehr Bauchgrummeln hatte ich:
Prinzipiell wollte ich mich wieder als Teil der arbeitenden Bevölkerung sehen. Doch: Konnte ich das überhaupt schon? Würde ich jemals wieder den Herausforderungen im Klassenraum mit mehreren verhaltensoriginellen Jugendlichen oder gar aufgedrehten Kindern, und das mehrmals pro Woche, gewachsen sein? Und: Wollte ich genau diese Arbeit überhaupt noch tun? Wird es mich nicht gleich wieder in die nächste Krise stürzen?

Ja, da waren sie wieder: meine Ängste. Nach den Osterferien 2019 arbeitete ich zunächst nur wenige Stunden an einem Tag, dann mehrere, und von Woche zu Woche erhöhte sich die Anzahl der Arbeitsstunden, bis mein früheres Teilzeit-Deputat von sechzehn Stunden erreicht war. Mir war klar, dass ich nach mehreren Monaten Fehlzeit dort eingesetzt wurde, wo eine schulinterne Lücke und somit Bedarf war – ohne mich gleich wieder zu überlasten. Viele langjährige Teamkollegen kannten mich von früher als engagierte, zuverlässige und energiegeladene Lehrperson. Bei meiner Rückkehr wurde ich von ihnen herzlich willkommen geheißen und mit einer Mischung aus Wertschätzung und Rücksichtnahme behandelt.

Meine Schulleiterin versuchte, mir den Wiedereinstieg so glatt zu ebnen, wie sie konnte. In einem Vier-Augen-Gespräch berichtete ich ihr von meinem gesundheitlichen Status-Quo. Sie begegnete mir mit ihrer stets wohltuenden vertrauensvollen Art – ein Wunder, angesichts dieses immensen Spagats zwischen dem alltäglichen Schul-Wahnsinn, den externen Auflagen und den Einflüssen von Behörden und Elternschaft.

Ich gab ehrlich zu, dass auch Arbeitsunzufriedenheit ein Grund für meine Psychokrise war. Aus früheren Gesprächen wusste sie längst, dass ich mit meiner Position als Lehrerin hadere und immer wieder aktiv nach Alternativen gesucht habe. Ich wollte keine Sonderbehandlung, doch wünschte ich mir für das folgende Schuljahr den Einsatz in einem Bereich, in dem ich gut klarkommen könnte; im lauten und reizüberfluteten Kleinkind-Förderbereich wäre ich definitiv falsch gewesen. Glücklicherweise konnte ich offen mit ihr sprechen, obwohl ich wusste, dass sie sowohl der Eigendynamik des Schullebens als auch den Reglementierungen durch die Schulbehörde unterworfen war.

Ich kannte den Spruch längst: „Jeder ist ersetzbar". Und die post-klinische Schulrealität bestätigte mir das: Zwanzig Jahre im Schuldienst – die 5-jährige Elternzeit mitgerechnet – und dennoch hatte ich das Gefühl, dass meine gesamten Leistungen, die ich für das Schulsystem erbracht hatte, kaum mehr zählten. Und ebenso wenig mein „psychischer Hänger". So ist das – das Getriebe dreht sich weiter, ob mit oder ohne Sand. Diese Erkenntnis war gleichermaßen beruhigend wie ernüchternd.

Kurz nach meiner Einarbeitungsphase begann schon wieder der Schuljahresendspurt und damit das Ringen und Feilschen um den bestmöglichen Stundenplan, die motivierteste Klasse und die passendsten Team-Kollegen. Ich kam mir vor wie in *Täglich grüßt das Murmeltier* (Komödie mit Phil Connors, 1993).

Vom BEM zu „Bäm!" - Schneller als befürchtet war ich wieder drin. So sehr, dass ich mich fragte, wieso ich eigentlich so große Angst vor dem Wiederbeginn gehabt hatte.

Inzwischen schritt mein persönlicher Genesungsprozess weiter voran. Mit meinen wöchentlichen ambulanten Therapiesitzungen fühlte ich mich gut gehalten, und auch zu Hause saß ich wieder als ernstzunehmende Mama und Ehefrau fest genug im Sattel - wohlgemerkt mit meinen neu geschaffenen Freiräumen, an die ich meine Mitbewohner ab und zu mit sanftem Druck erinnern musste: „Oder wollt ihr, dass ich wieder in die Klinik muss?"

Weil ich kaum mehr Vor-Fälle mit körperlichen Symptomen bemerkte, fasste ich den Entschluss, meinem Körper wieder zu vertrauen. Um ihn und mich auf die Probe zu stellen, wagte ich in den Sommerferien ein Experiment: Ich verabredete mich mit meinem Cousin, seinen und meinen beiden Jungs zu einer Bergwanderung ins Allgäu *Über die Nagelfluhkette, vom Mittagberg zum Hochgrat (1834 m)*. Vier Gipfel wollten wir bezwingen - meine größte konditionelle Herausforderung stand bevor. Meine größte Sorge war, dass mein Körper schlappmachen könnte und mich erneut Atemnot und Panik überfallen würde. Dazu kam die Unsicherheit, ob ich meine Kinder im Notfall beschützen können würde.

Mein bergsteigerfahrener Cousin konnte mir jedoch alle Bedenken nehmen. Meine Söhne überraschten mich mit ihrer physischen Kraft und Ausdauer, die weit über meiner eigenen lag, so dass sie mir sogar zwischendurch einen Teil meines Gepäcks abnahmen. Keine Spur von Panik, ab der Hälfte Kopfschmerzen, mit denen ich mich arrangierte. Es war ein Kraftakt mit einem unbeschreiblichen Rausch an Gefühlen - nachzulesen im Prolog. Mein Come-Back!

Nach dieser Extremerfahrung im Gepäck konnte mir der Start ins neue Schuljahr nichts anhaben. Die Rahmenbedingungen waren wie geschaffen für mich: ein geniales Kollegenteam, angenehme Schülerschaft, eine Inklusionsklasse an einer Regelschule, mit vielen unterrichtlichen Freiheiten. Ich war wieder Lehrkraft, wie eh und je – und eine Zeitlang zufrieden …

Doch meine Unzufriedenheit kehrte zurück – trotz bester Rahmenbedingungen. Anfangs spürte ich nur ein kleines Störfeuer als Grummeln, wie kleine Kieselsteine im Magen, z. B. wenn ich zum x-ten Mal eine Aufgabe im Zahlenraum von 1-10 erklären musste. Anders fühlte es sich an, als zum ersten Mal wieder ein Gutachten-Auftrag in mein Postfach hineinflatterte. Die Kieselsteine in der Magengegend verfestigten sich umgehend zu einem dichten schweren Gesteinsbrocken.

In der Klinik hatte ich mir geschworen, fortan auf jedes aufkommende Körpergefühl zu achten und genauestens zu eruieren, ob dieses Gefühl intensiv genug war, um aktiv eine Veränderung anstoßen zu müssen. Sehr schnell konnte ich das eindeutig bejahen.

Irgendwann gab es einen Punkt in meinem Prozess, an dem ich „Die fünf Säulen der Identität"[14] entdeckte.

Ich zog Bilanz: Vier meiner fünf Säulen hatten mittlerweile wieder ein ansehnlich stabiles Fundament erhalten. Da ich jedoch noch immer auf der Suche nach einer Identität war, die komplett mit mir im Einklang sein sollte, blieb mir nichts anderes übrig, als mich mit der Säule „Arbeit & Leistung" zu befassen:

Nun war es also an der Zeit, meinen Job einer kritischen Überprüfung zu unterziehen: Ich begann zu erforschen, welche Jobs, Praktika, ehrenamtlichen Tätigkeiten mir in meinem bisherigen Leben am meisten Freude bereitet hatten. Darüber machte ich ausführliche Notizen, stellte Pros und Kontras in einer Liste gegenüber.

---

14 www.manuelakellenberger.ch/wpcontent/uploads/2020/05/Work-Life-Balance.pdf

Durch Zufall fand ich einen Podcast, in dem es über Alternativen zum Lehrerdasein ging. Hier berichteten ehemalige Lehrerinnen von ihrer Umorientierung bis hin zum kompletten Ausstieg aus dem Beamtentum. Entfesselt lauschte ich einer Episode nach der nächsten.

Fast zeitgleich hörte ich von Guy Hendricks, einem Lehrer, Psychologen und Autor. In seinem Bestseller *The big leap* (2009) spricht er von den vier Zonen, mit denen wir identifizieren können, ob wir im Einklang mit unseren Talenten, unserem Wesen und unseren Werten und Gefühlen sind. Es geht auch darum, welche Blockaden wir überwinden müssen, um z. B. eine Arbeit zu finden, die uns anhaltend mit Freude erfüllt. Um das für sich selbst herauszufinden, gibt es im Internet unzählige Tests und Arbeitsmaterial.

Ich war begeistert, denn nun hatte ich es bildhaft vor Augen: Mit meiner Arbeit befand ich mich bestenfalls in meiner *Zone of competence*. Nun war mir klar, wieso ich immer wieder das Gefühl hatte, fremdbestimmt und mit Schwere in den Schulalltag zu gehen.

Mein nächstes Ziel stand fest: Ich wollte herausfinden, was meine *Zone of genius ist*[15].

Welche Tätigkeiten bringen mich dazu, die Zeit zu vergessen? Das Ergebnis meiner Recherche ergab:
- Menschen zuhören und zwischen den Zeilen lesen,
- mit Impulsen zum Nachdenken anregen,
- Malen, Musizieren und Schreiben.

Mit Hilfe des Buches *Die Berufung für Hochsensible* (Luca Rohleder, 2017) fand ich heraus, dass ich möglichst frei, selbstbestimmt und ungestört arbeiten muss, um gute Leistungen und Freude beim Arbeiten erfahren zu können.

The big five (John Strelecky, 2008) lehrte mich, wie wichtig es bei der Suche nach einer neuen Tätigkeit ist, ein *Warum* zu haben.

15 anjalegero.com/zone-of-genius/

Also formulierte ich so konkret wie möglich, wie mein Traumjob sein sollte, druckte das aus und hängte es in mein Zimmer:

„Ich möchte etwas Eigenes in die Welt bringen, was das Leben von sehr vielen Menschen verbessert und verschönert, und zwar unmittelbar, direkt und möglichst sofort spürbar."

Immer mehr Euphorie erfüllte mich. Endlich wusste ich, was ich brauche, um mit Freude arbeiten zu gehen. Schön wäre es, wenn damit alle Blockaden und Hindernisse auf einen Schlag gelöst gewesen wären.

Sehr schnell prallte ich gegen Hürden: die Gesetze und Auflagen, für die ich vor unzähligen Jahren beim Amtseid zum Beamtentum meine Hand gehoben hatte. Fluch und Segen, Kopf gegen Herz, Selbstständigkeit versus Sicherheit.

Ein Kompromiss musste her – wieder einmal …

Das unermüdliche Ringen um meinen Traumjob könnte ein komplett neues Buch füllen. Fakt ist, dass ich das bis zum heutigen Tag nicht vollständig lösen konnte.

Deshalb reduziere ich hier meinen weiteren Werdegang auf einen Kurzbericht:

Ende 2019 meldete ich mich für eine berufsbegleitende Weiterbildung zur *Kunsttherapeutischen Beraterin* an, die zwei Jahre lang an den Wochenenden stattfand und mir sowohl therapeutisch als auch psychisch eine große Stütze war – die Pandemie war zu jener Zeit in vollem Gange. Um diese Ausbildung zusätzlich zu finanzieren, arbeitete ich einmal wöchentlich als Bedienung in meinem Lieblingscafé, was mir – trotz Mundschutz und Hygienemaßnahmen – zusätzlich Freude und Auftrieb bereitete.

Im April 2021 suchte ich erneut das Gespräch mit meiner Schulleiterin, in dem ich darum bat, meine kunsttherapeutische Zusatzausbildung fortan sinnvoll mit der Arbeit an der Schule zu verknüpfen – im Rahmen meines Deputats. Ich war davon überzeugt, dass sie einen Weg finden würde, denn der Bedarf an bedürftiger Schülerschaft war schließlich immens.

Leider kam uns auch in diesem Fall das Korsett an Regelwerken, Auflagen und Zwängen in die Quere, so dass ich frustriert und mit wachsendem Unmut und Frust zurückblieb. Doch in mir brodelte es von Tag zu Tag mehr. Ich baggerte weiter an meiner Idee, wie ich mich – ohne das Beamtentum aufgeben zu müssen – kunsttherapeutisch verwirklichen könnte. Die Lösung lag auf der Hand: Es ging nur über eine *nebenberufliche Selbstständigkeit!*

Mitte 2021 meldete ich mich beim Finanzamt als Freiberuflerin an, mit der Absicht, *Kunsttherapeutisches Coaching* in unserem Haus anzubieten. Meine Leidenschaft, Räume umzustrukturieren, begann erneut zu entflammen.

Ich saugte die Inhalte verschiedenster Unternehmer-Podcasts auf, und bildete mich in den Themen *Business, Marketing, Money-Mindset* sowie *Praxis- und Unternehmensführung* fort. So stellte ich fest, dass die wichtigsten Begriffe auch in Deutschland meist in englischer Sprache verwendet werden.

Als das Schuljahr 2022/2023 seine Schatten voraus warf und neben unzähligen Gutachten auch noch eine Schulumbaumaßnahme anstand (die dritte innerhalb meiner Karriere), war endgültig Schluss. Für mich ging das so nicht mehr.

Kurzerhand bewarb ich mich an der Schule einer Jugendhilfeeinrichtung, mit dem Schwerpunkt *Emotionale und Soziale Entwicklung*, in der ebenfalls meine kunsttherapeutische Zusatzausbildung Anklang fand. Ich fühlte mich bestätigt.

Neben dem Start an der neuen Schule – u. a. als Kunstlehrerin – bereitete ich mich parallel auf die beiden Prüfungen zur Heilpraktikerin für Psychotherapie vor; besonders die Mündliche war aufgrund meiner Prüfungsangst ein Kraftakt.

Doch es ist erstaunlich, welche Kräfte ich plötzlich entwickelte, weil ich ein klares Ziel vor Augen hatte. Mit der Urkunde in der Tasche und wachsendem Selbstbewusstsein stieß ich per Zufall – oder Fügung – auf eine Zeitungsannonce, die mir die Chance eröffnete, einen Praxisraum in einem ehemaligen Kloster für zwei Tage und zu einem fairen Preis anzumieten. Das war letztlich der Startschuss für meine heutige Praxis.

Mein persönlicher und beruflicher Weiterentwicklungsprozess dauert an und verläuft gut; ich habe vieles in meinem ganz persönlichen Bereich „aufgeräumt", losgelassen und verändert und habe endlich gelernt, die Bedürfnisse meines Herzens zu erspüren, ihnen zu vertrauen und sie ernst zu nehmen.

Ich erkenne jeden Tag, dass sich so vieles positiv fügt, nachdem ich mich einmal auf das Abenteuer „Leben als Bergwanderung" eingelassen habe. Die „berühmte Tür" öffnet sich tatsächlich, wenn sich eine andere geschlossen hat. Ich spüre, dass Mut so oft belohnt wird, und zwar genau dann, wenn ich meiner Angst ins Gesicht schaue, es schaffe, sie liebevoll anzulächeln und dann einfach weiter durch sie hindurchzugehen.

IN DER KRAFT – WEITER UNTERWEGS

Das Leben ist eine Bergwanderung

Camaret-sur-mer, 27.8.2021:
„Und wieder ein magischer Moment. Es ist der vorletzte Tag in der Bretagne. Ich sitze in der Bank einer bezaubernden Kirche in Camaret-sur-mer und blicke auf diesen wunderschönen Altarraum, der speziell für die verlorenen Seefahrerseelen errichtet wurde. Aus dem Lautsprecher ertönt das Ave Maria, dargeboten mit Querflöte und Cello. Ich spüre wieder, wie sehr mich Musik berühren kann, mich erdet und wie wichtig sie noch immer für mein Leben ist. Am liebsten würde ich sofort meine Querflöte in die Hand nehmen.

Mich überfällt ein meditativer Zustand. Ich spüre sehr intensive Gefühle, eine überbordende Lebendigkeit. Gleichzeitig werden meine Gedanken lauter: ‚Wird mein Leben ausreichen für so viele Vorhaben, die ich noch umsetzen möchte, für so viele Orte, an die ich reisen will, so viele Wünsche und Sehnsüchte, die plötzlich auftauchen und nach Erfüllung drängen?'

Zum jetzigen Zeitpunkt erscheint mir mein Leben reich. Ich bin dankbar, dass ich diese Bandbreite an Gefühlen wieder wahrnehmen kann, dass ich wieder alleine durch eine fremde Stadt laufe, sogar durch ein wildfremdes französisches Küstenörtchen.

Wie toll, dass ich es wieder genießen kann, mit mir alleine zu sein, dass ich dadurch wieder ganz zu mir selbst finden kann, ohne Angst, Atemnot zu bekommen. Ja, ich bin unendlich dankbar.

Eine Passantin huscht an mir vorüber und duckt sich, um mir nicht den Blick auf den Altarraum zu versperren – wie rücksichtsvoll!

Was für eine tolle Erfahrung: Menschen haben Respekt vor mir – sofort fühle ich mich gesehen und wertvoll.

Ich trete hinaus aus dem Kirchenschiff. Die Sonne blendet mich. Vor mir wälzen sich uralte von der Witterung gezeichnete Bootswracks im Sand – wie vergessene Relikte aus dem 18. Jahrhundert, den goldenen Zeiten der Piraterie. Noch immer ist es sehr windig. Das Schlagen der Segel gegen die Masten ähnelt dem Klang von Kuhglocken.

Langsam erwache ich aus meinem Rausch. Nun freue ich mich auf die Kunstgalerien und einen Café Crème am Hafen. Was für ein toller Tag! Und ich bin mittendrin – ganz im Moment, achtsam, lebendig – im magischen Einklang von Körper, Geist und Seele."

Das ist die Transkription eines Audios, das ich im Sommer 2021 bei unserem Familienurlaub in der Bretagne aufgenommen hatte. Die halbe Welt stand zu jener Zeit wegen der wütenden Pandemie Kopf. Während viele Menschen ihren stillen Kampf mit Symptomen, Einsamkeit, Ängsten und Verunsicherung kämpften, ging es mir erstaunlicherweise sehr gut. Ich hatte meine eigene Schlacht in den Jahren davor bereits geschlagen, so dass ich buchstäblich immun gegen aufkommende Ängste war. Ich hatte meinen Notfallrucksack aus Entspannungstechniken, umgewandelten Glaubenssätzen und positiven Erfahrungen zu jeder Zeit bei mir. Mein Glaube, dass diese Pandemie uns nicht zufällig getroffen habe, sondern es einen Grund geben müsse, war tief in mir verankert. Ich hoffte, dass dadurch die Menschheit endlich aus ihrem Konsum- und Ausbeutungswahn, dem Leistungs- und Betäubungsdruck und der mangelnden Empathie und Gefühllosigkeit aufgeweckt wird. Von wem oder was auch immer.

Zu Beginn der Corona-Krise hatte ich eine Phase, in der ich nicht begreifen konnte und wollte, was da in der Welt passiert. Und dass so etwas Übergreifendes überhaupt passieren konnte. Obwohl ich zwischenzeitlich ins Grübeln über die Autorität und das Zutrauen der Machtführenden kam, behielt ich mein Grundvertrauen. Ich gehörte zu den Menschen, die wenig Probleme hatten, sich mit den auferlegten Reglementierungen zu arrangieren. Im Gegenteil: Die anfänglichen Schließungen konnten unserer Familie und mir nichts anhaben – es brachte uns wieder enger zusammen. Das genoss ich.

Da Sonderpädagogen indirekt zu den systemrelevanten Arbeitnehmern gehören, mussten meine Kollegen und ich für unsere Schülerschaft mit Handicap die Stellung halten.

Über drei Jahre habe ich gebraucht, um in meine Stärke zurückzufinden. Die Pandemie hatte mich trotzdem beansprucht. Mit den Strategien und Entspannungspraktiken, die ich durch die Therapien mitbekommen hatte, konnte ich meine Ängste unter Kontrolle halten. Ich hatte in dieser Zeit keine Angstattacke mehr, nicht einmal, als ich nach Tansania geflogen bin. Ich wusste, dass ich die Angst eindämmen kann – eine Attacke dauert in der Regel nur neunzig Sekunden. Ich triumphierte, weil mir auch meine Flugangst nichts mehr anhaben konnte.

Und dann kam 2022 Putins Einmarsch in die Ukraine: Es hatte mich kalt erwischt. Während ich es in der Corona-Krise noch geschafft hatte, mich so wenig wie möglich durch den Fluss von negativen Nachrichten zu bewegen, konnte ich mich den Schreckensszenarien eines drohenden Krieges nicht mehr entziehen. Die Bilder waren überall, vor allem in meinem Kopf. Auch meine Alpträume kamen wieder.

Dass jetzt plötzlich unser Weltfrieden gefährdet sein sollte, zog mir kurzzeitig den Boden unter meinen Füßen weg. Und plötzlich waren sie wieder da, die Angstattacken.

Mein Urvertrauen wurde erneut erschüttert.

In dieser Zeit besuchte ich mit meinem Mann ein Rockkonzert – mit Mundschutz: Die Bandmitglieder kamen aus Kiew und erzählten, dass sie seit Wochen keinen Kontakt mehr zu ihren Frauen hätten. Dann geschah etwas Magisches: Das komplette Publikum erhob sich und applaudierte, minutenlang. Ich war vollkommen berührt. Da wurde mir wieder bewusst: Es ist so aufbauend, wenn man seine Gefühle, seine Angst und Ohnmacht mit anderen Menschen teilen kann und spürt: „Ich bin nicht alleine." Es gibt auch in der schlimmsten Situation eine Möglichkeit, seine Angst in den Griff zu bekommen.

Seit dem Konzert bis heute gab es noch einige Situationen, in denen Angstsymptome aufkamen: Zweimal bahnten sich Panikattacken an, beim Zahnarzt in Narkose, kurz vor der mündlichen Heilpraktikerprüfung und als ich im Pool Wasser verschluckte. Ich konnte sie durch rechtzeitiges Atmen und beruhigende Sätze verhindern – und war hinterher unglaublich stolz!

Einen Auftritt mit der Querflöte musste ich kurz nach dem Beginn abbrechen, weil ich vor lauter Nervosität plötzlich Atemnot bekam – über das Mikrofon entschuldigte ich mich bei den mehr als 200 Zuhörern: „Es tut mir leid, aber ich kann nicht spielen. Mir geht es nicht gut" – dieses „Worst-Case-Szenario" hatte ich seit Jahren befürchtet. Und was geschah? Nichts – außer Bedauern und Wertschätzung. Und vor solch einer Situation hatte ich also mein Leben lang Angst gehabt? Das war alles?

Ich war nicht einmal in Ohnmacht gefallen. Dass ich mich für den Rest der Veranstaltung vor Scham hinter einer Säule versteckte, habe ich mir mittlerweile verziehen ...

Was ich damit sagen möchte: Es gibt kein Heilmittel gegen Angst.

Doch wir können lernen, sie als ein Teil von uns anzunehmen und gut mit ihr zu leben.

Epilog

Wanderung am Latzfonserkreuz in Südtirol, 24.08.2023:

Schritt für Schritt und Stein um Stein,
bergauf, hinunter, geradeaus.
Sonne am Weg – einfach Sein!

Zerklüfteter Fels im Sommerdunst,
atemberaubend – ungreifbar,
Bienen satt – florale Kunst.

Erhabener Blick – entschieden,
von Demut zu Dankbarkeit,
Glocken versprechen Frieden.

Ich folge dem Wanderweg. Die Sicht auf die Dolomiten ist erneut machtvoll genug, um meinem Körper das größte Glücksgefühl zu entlocken: Es ist das reine Leben in seiner puren Lebendigkeit.

Da sind Spuren von anderen, die bereits vor mir den Weg gegangen sind, ihn weiter gebahnt haben. Ich staune über die Parallelen zum menschlichen Dasein, die immer wieder von neuem in der Natur zu finden sind, vor allem hier: Eine Bergwanderung ist aus meiner Sicht die bildhafteste Metapher für den Weg aus einer Lebenskrise.

Ein unbekannter Mensch war der erste, der zunächst eine sanfte Spur im Gras hinterlassen hat. Weitere sind ihm gefolgt – auf demselben Pfad, der den Nachfolgenden durch sein Ausgetretensein weniger mühsam erschien als ihrem Vorgänger. Auch sie ebneten den Boden weiter, für andere, die folgen würden. Machten den Weg breiter und noch leichter begehbar.

Heute gehe ich ihn und fühle mich stark und sicher, wenn ich meine Füße auf ihn setze. Weil ihn viele vor mir bewältigt haben, bin ich mir sicher: Diese Route führt in keinen Abgrund, sondern zu einem Ziel. Ich darf ihr in vollem Vertrauen folgen und gleichzeitig nach rechts und links schauen, um die Schönheiten zu bewundern.

Mit meinen Wanderschuhen hinterlasse auch ich zertretenes Gras und platten Ziegenkot oder kicke Steine zur Seite, damit ich meine Beine nicht zu sehr heben muss oder gar darüber stolpere und falle, ebenfalls für die, die nach mir kommen. Auch ich gebe den Nachfolgenden dadurch mehr Sicherheit und Vertrauen.

Stein um Stein und Schritt für Schritt – tapfer gehe ich meinen eigenen Weg, die Angst lasse ich lächelnd am Wiesenrand liegen. Mein Herz füllt sich mit Wärme und Vertrauen – es fühlt sich gut an, ein Wegweiser zu sein.

Mit diesen Zeilen schließe ich das letzte Kapitel meines Buches. Mein Weg ist noch nicht zu Ende – zum Glück. Reich genährt und ausreichend gerüstet werde ich nun weitergehen und Überraschungen und Herausforderungen mit Vertrauen und liebevollem Selbstmitgefühl annehmen.

Einen Wunsch hätte ich noch: Geh auch du deinen Weg voller Zuversicht.

- Du bist nicht allein.
- Du kannst dir selbst und deinen Gefühlen trauen.
- Du darfst deiner Angst begegnen und lächelnd weitergehen.
- Du hast alles in dir, was du brauchst, um deinem Leben Erfüllung und Sinn zu verleihen.
- Du darfst dir einen Führer an die Seite holen.
- Du wirst geführt und notfalls getragen. Andere haben es vor dir geschafft.
- Du darfst mutige und schmerzhafte Entscheidungen treffen.
- Du darfst enttäuschen und loslassen.
- Du darfst dich abgrenzen, sogar von denen, die du am meisten liebst – das lässt sie wachsen.
- Du darfst wachsen und groß werden.
- Du darfst gesund werden.
- Du darfst deine Gefühle wahrhaftig fühlen, sie werden dich nicht umbringen.

Wer leben will, muss fühlen.
Drum: Fühle! Lächle! Lebe!

ANHANG

52 Meilensteine für deinen Weg

1. Prüfe, ob du eine Diagnose hast –
   wenn ja, hol dir professionelle Hilfe.

2. Prüfe, ob du hochsensibel bist – mach einen HSP-Test.

3. Fühle deine Gefühle bewusst und nimm sie ernst –
   auch die unangenehmen.

4. Lerne deine Emotionen kennen –
   und sie als Zeichen zu deuten.

5. Vermeide Betäubung und Ablenkungen –
   bleib lebendig.

6. Stopp ungesunde Gedanken – sofort –
   und fühle in deinen Körper hinein.

7. Behandle dich selbst wertschätzend –
   so, wie du deine beste Freundin behandelst.

8. Vergleiche dich nicht – mit niemandem und nichts –
   und bleibe bei dir selbst – du bist gut, so wie du bist.

9. Sei geduldig mit dir und deinen „Vor-Fällen" –
   „Zwei Schritte vor, einer zurück" ist völlig okay.

10. Überprüfe Kritik – es könnte was dran sein;
    wenn nicht, schiebe sie aktiv von dir weg.

11. Geh mutig deinen Weg – alles ist in dir, was du brauchst.

12. Bewege dich – nimm die Treppe und auch den Umweg.

13. Geh bewusst langsam – erst recht, wenn es stressig ist.

14. Atme lange ein und länger aus –
    dein Herz wird dadurch ruhiger.

15. Entdecke dein Inneres Kind wieder –
    sei nachgiebig mit ihm und liebevoll.

16. Erforsche, was du als Kind gerne getan hast –
    und baue das in deinen Alltag ein.

17. Bringe deinem Schweinehund das Tanzen bei –
    verlass immer wieder deine Komfortzone.

18. Lerne etwas, das du schon immer wolltest –
    du bist nie zu alt dafür.

19. Sei manchmal verrückt – und steh dazu.

20. Bau deine Talente aus – wachse über dich hinaus.

21. Übe dich im Alleinsein – erst im Café, dann im Kloster.

22. Schaff dir deinen eigenen Rückzugsraum –
    und verteidige ihn.

23. Lerne, dich abzugrenzen – ein Nein schafft Freiräume.

24. Räume in deiner Ursprungsfamilie auf –
    mit Unterstützung.

25. Traue dich, zu Ent-Täuschen –
    eine Täuschung lag dahinter.

26. Lerne zu vergeben – bevor es zu spät ist.

27. Lebe deinen spirituellen Anteil – er gibt dir Halt.

28. Finde deine *Zone of genius* – arbeite mehr im Flow.

29. Prüfe, ob deine Arbeit (noch) zu dir passt –
    wenn nicht, schule dich um.

30. Besuche Weiterbildungen und VHS-Kurse –
    lobe dich dafür.

31. Erstelle dir ein Vision-Board – manifestiere.

32. Gewöhne dir eine Alltagsstruktur an –
    Rituale geben Ruhe.

33. Starte mit einer ruhigen Morgenroutine –
    vor dem Wecker.

34. Bau Ruhepausen ein – fühle deine Füße auf dem Boden.

35. Geh raus – die Tür zum Glück geht nach außen auf.

36. Lerne von der Natur – akzeptiere die Vergänglichkeit.

37. Triff echte Menschen – führe wahrhaftige Gespräche.

38. Lebe Beziehungen – ehrlich und voller Liebe.

39. Schenke dir selbst ein Lächeln – das hebt die Stimmung.

40. Schenke Fremden ein Lächeln – es kommt zurück.

41. Beende den Tag mit Ruhe – meditiere, male, schreibe.

42. Sammle gute Erfahrungen – sie machen optimistisch.

43. Geh früh genug schlafen – deine Nerven danken es dir.

44. Stell dein Smartphone lautlos –
blockiere Push-Meldungen.

45. Besiege das digitale Fomo-Biest[16] –
du verpasst nichts Wichtiges.

46. Ignoriere Negativnachrichten –
meistens reicht die Überschrift.

47. Vermeide Wegbeamen durch Streamen – lies ein Buch.

48. Verbanne Müll aus deinem Essen –
vor allem industriellen Zucker.

49. Trinke (fast) so viel wie ein Kamel –
sie trinken übrigens nur Wasser.

50. Übe dich im Tierestreicheln – leih dir einen Gassi-Hund.

51. Lerne loszulassen –
von Gewohnheiten, Glaubenssätzen, Menschen.

52. Singe laut, lache herzhaft, tanze intensiv –
sei so oft wie möglich einfach nur du selbst.

---

16 „Fomo" bedeutet „Fear of missing out", also „die Angst, etwas zu verpassen"

Raus aus der Ohnmachtsfalle

Im Internet gibt es zahlreiche Tipps, wie du dich bei einer akuten Panikattacke und Gedankenkreiseln verhalten kannst. Hier beschreibe ich die Methoden, die ich schon viele Male erfolgreich bei mir selbst angewendet habe.

Soforthilfe bei Panikattacken und Gedankenkreiseln

1. Stopp deine Gedankenströme
Unterbrich deine Gedanken mit einem lauten und energischen „Stopp!"

2. Versichere dich mit weisen Worten
„Eine Panikattacke ist nicht lebensbedrohlich."
„Sie ist nur ein Irrtum meines Systems."
„Ich habe die Macht, meinen Körper zu kontrollieren."

3. Bring deinen Atem unter Kontrolle
Atme tief ein (zähle bis 4).
Halte den Atem an (zähle bis 6) und
atme anschließend lang aus (zähle bis 10).
Wiederhole das, bis sich dein Herzschlag beruhigt hat.

4. Bring dich ins Hier und Jetzt
Sammle jeweils fünf Dinge, die du jetzt im Moment
siehst – „Ich sehe eine weiße Blume, ich sehe …"
hörst – „Ich höre die Vögel zwitschern, ich höre Autos fahren …"
fühlst – „Ich fühle den Boden unter meinen Fußsohlen, ich fühle das Kribbeln in meinen Händen, das Polster unter meinem Gesäß …"

5. Aktiviere deinen Vagusnerv
Überkreuze deine Arme.
Klopfe 10mal mit der rechten Hand auf dein linkes Schlüsselbein.
Klopfe 10mal mit der linken Hand auf dein rechtes Schlüsselbein.
Wiederhole das, bis dein Körper sich beruhigt hat.

6. Lerne Progressive Muskelentspannung (Jacobsen)
Eine Übung daraus:
Balle mit aller Kraft deine Hände zu Fäusten.
Krümme deine Füße und Fußzehen, so stark du kannst.
Verzieh dein Gesicht, als ob du in eine Zitrone beißen würdest.
Spanne alle Muskeln deines Körpers ganz bewusst und ganz stark an.
Halte diese Spannung für zehn Sekunden und ...
... lass dann ganz abrupt los. Spüre nach.

7. Informiere dich über Japanisches Heilströmen (Jin Shin Jyutsu)
Eine Übung daraus:
Drücke mit deinem rechten Daumen auf den Mittelpunkt deiner Handinnenfläche und halte ihn. Atme langsam und lange aus. Konzentriere dich auf das warme Kribbeln in deiner Handinnenfläche und spüre, wie sich dein System beruhigt.
Oder:
Halte mit der rechten Hand deinen Zeigefinger der linken fest umschlossen.

8. Setze Skills[17] ein
Führe ein scharfes Bonbon oder eine Brausetablette mit dir, was du bei Bedarf schnell in den Mund stecken kannst.
Trage ein Gummiband um das Handgelenk, das du bei zu hohem Druck schnalzen lassen kannst.

---

17 basierend auf der DBT-Therapie (Dialectical Behavior Therapy, Marsha M. Linehan)

Danksagungen

Ich danke

- allen Wegbegleiterinnen und Wegbegleitern aus der Klinik, den Therapeutinnen und Therapeuten, die mich auf meinem Weg der Genesung begleitet und mich all das gelehrt haben, was ich nun weitervermitteln darf,

- meinem Mann für seine Geduld und den Rückhalt, den er mir während der Phase des Schreibens gegeben hat, und dass er mich trotz vieler Entbehrungen immer wieder praktisch unterstützt,

- meinen beiden Söhnen, weil sie immer an mich glauben, und geduldig Rücksicht nahmen, als ich beim Schreiben stundenlang nicht ansprechbar war,

- meiner Freundin, die mich immer wieder motiviert und darauf achtet, dass ich auf mich aufpasse, und die mit sehr viel Ausdauer die Rohfassung gelesen und mir wertvolle Impulse gegeben hat,

- Frau Dr. Beate Forsbach, dass sie mir ihr Vertrauen schenkt und mir mit ihrem Online-Coaching wertvolles Wissen und Impulse für die Verwirklichung meines Buch-Traums gegeben hat.

Nicht zuletzt danke ich meinen Eltern und meinen Geschwistern, sowie meinen langjährigen Freundinnen und Freunden, dass sie noch immer für mich da sind.

Lichtenau, im August 2024   Renate Schmitt

Literaturauswahl

Bücher:
Gerlitz, Carsten: *Love Ballads: 16 Wonderful Songs Of Passion.* Schott Verlag, Mainz 2011
Hendricks, Guy: *The big leap. Conquer Your Hidden Fear and Take Life to the Next Level.* HarperOne, San Francisco 2010
Rohleder, Luca: *Die Berufung für Hochsensible. Wie feinfühlige Menschen besser loslassen, ihr Urvertrauen stärken und berufliche Erfüllung finden können.: Die Gratwanderung zwischen Genialität und Zusammenbruch.* 6. Aufl., Dielus Verlag, Leipzig 2023
Stahl, Stefanie: *Das Kind in dir muss Heimat finden. Der Schlüssel zur Lösung (fast) aller Probleme.* Kailash Verlag, München 2015
Strelecky, John: *The Big Five for Life: Was wirklich zählt im Leben.* dtv, München 2008
Ware, Bronnie: *5 Dinge, die Sterbende am meisten bereuen. Einsichten, die Ihr Leben verändern werden.* 14. Aufl., Goldmann Verlag, München 2015
Young, William Paul: *Die Hütte. Ein Wochenende mit Gott.* 24. Aufl., Ullstein Taschenbuchverlag, Berlin 2011
Zurhorst, Eva-Maria: *Liebe dich selbst und es ist egal, wen du heiratest.* Goldmann Verlag, London 2009
Zurhorst, Eva-Maria: *Liebe kann alles. Wie du mit deiner weiblichen Kraft zur Schöpferin deines Lebens wirst.* Goldmann Verlag, London 2022

Filme:
Weir, Peter: *Der Club der toten Dichter.* Touchstone Pictures, Burbank/Kalifornien 1989
Marshall, Penny: *Zeit des Erwachens.* Dreamworks SKG, USA 1990
Ramis, Herold: *Und täglich grüßt das Murmeltier.* Columbia Pictures, Kalifornien 1993

Zur Autorin

Renate Schmitt wurde 1972 als jüngstes von vier Geschwistern in Schwäbisch Gmünd geboren und wuchs in einer Kleinstadt in Baden-Württemberg auf.

Sie malt und schreibt, seit sie denken kann ... In ihrer Jugendzeit verfasste sie mehrere Gedichte und schrieb regelmäßig Tagebuch.

Nach dem Studium der Sonderpädagogik, mit dem Hauptfach Kunsterziehung, folgte eine über 20-jährige Unterrichts- und Beratungstätigkeit als Sonderpädagogin für Kinder und Jugendliche. Unterbrochen wurde diese Phase durch eine 5-jährige Elternzeit, mit den Geburten ihrer beiden Söhne.

In den Jahren 2018/2019 bedurfte es der Erfahrung und Bewältigung ihrer eigenen Lebenskrise, die sie letztlich auf ihren heutigen Weg führte.

Neben ihrer Tätigkeit als Sonderpädagogin begann sie 2021, ihre nebenberufliche Selbstständigkeit als Coach und Kunsttherapeutin aufzubauen.

2023 legte sie die Prüfung zur Heilpraktikerin für Psychotherapie ab.

So ist sie heute neben ihrer Arbeit in einem Sonderpädagogischen Bildungs- und Beratungszentrum als Heilpraktikerin für Psychotherapie und Kunsttherapeutin in eigener Praxis tätig.

Kontakt:

Renate Schmitt

Bahnstraße 2
77839 Lichtenau

Telefon: 07227 7710413

E-Mail: kontakt@kunstimsinn.com

Homepage: www.kunstimsinn.com

Edition Forsbach
Bücher mit Herz

Bücher & Kalender
Workshops für Autoren
1:1 Autoren-Mentoring
Autorenbetreuung

Unsere Bücher erhalten Sie im Buchhandel und
direkt bei uns – auch im Internet!

Bestellung, Anmeldung und Information:

Edition Forsbach
Dr. Beate Forsbach
Bücher mit Herz
Küchelstraße 9, 96047 Bamberg
+49 951 96439936 • info@edition-forsbach.de
www.edition-forsbach.de